C.H.BECK WISSEN

«Manchmal auch, am Sonntag, durfte der kleine Buddenbrook dem Gottesdienst in der Marienkirche droben an der Orgel beiwohnen, und das war etwas anderes, als unten mit den anderen Leuten im Schiff zu sitzen. Hoch über der Gemeinde, hoch noch über Pastor Pringsheim auf seiner Kanzel saßen die beiden inmitten des Brausens der gewaltigen Klangmassen, die sie gemeinsam entfesselten und beherrschten, denn mit glückseligem Eifer und Stolz durfte Hanno seinem Lehrer manchmal beim Handhaben der Register behilflich sein.» (Thomas Mann, *Buddenbrooks*).

In seiner kleinen Kulturgeschichte der Orgel widmet sich Hans Maier mit großem Sachverstand diesem eindrucksvollen Instrument, das den kleinen Hanno Buddenbrook so glückselig stimmt. Dabei geht der Autor nicht nur auf die technischen und klanglichen Besonderheiten ein, sondern betrachtet die Orgel auch als Baukunstwerk, untersucht ihre Rolle in der Literatur und stellt berühmte Orgelkomponisten und ihre Werke vor.

Hans Maier, seit 1962 Professor für politische Wissenschaft in München, war 1970–1986 bayerischer Kultusminister und ist seit 1999 Prof. em. für christliche Weltanschauung, Religions- und Kulturtheorie. 1976–1988 war er Präsident des Zentralkomitees der deutschen Katholiken. Seit rund 75 Jahren ist Hans Maier nebenberuflich Organist. Bei C.H.Beck liegen von ihm vor: *Gesammelte Schriften* in fünf Bänden sowie seine Memoiren *Böse Jahre, gute Jahre. Ein Leben 1931 ff.* (2011).

Hans Maier

DIE ORGEL

Instrument und Musik

Verlag C.H.Beck

Mit 25 Abbildungen

Originalausgabe

Satz: Fotosatz Amann, Memmingen
Druck und Bindung: Druckerei C.H.Beck, Nördlingen
Umschlagabbildung: Irvington-on-Hudson/NY, USA,
Presbyterian Church, Johannes Klais Orgelbau 2001,
opus 1797, © Gesa Graumann, Archiv Klais
Umschlaggestaltung: Uwe Göbel, München
Printed in Germany
ISBN 978 3 406 65490 9

www.beck.de

Inhalt

I. Mit Händen und Füßen. Organisten am Werk

Was ist die Orgel? Wie funktioniert sie? Wie spielt man auf ihr? Wie sehen die Werke aus, die für sie geschrieben wurden? Wie groß, wie wichtig ist das Repertorium der Orgelmusik in der Musikgeschichte? Welche Spuren hat die «Königin der Instrumente» als Baukunstwerk, als Ort von Malerei, Bildhauerei, Kunsttischlerei, Fensterglas- und Lichteffekten in der Geschichte der Architektur und der bildenden Künste hinterlassen? Und wie spiegelt sich die Orgel in der erzählenden Literatur, im Musikgedicht?

Ein reiches Themenfeld! Beginnen wir ganz handfest und handgreiflich mit einer Feststellung: Eine Orgel wird *mit Händen und Füßen gespielt.* Die Hände der Organisten spielen auf den Manualen. Die Füße – Spitze, Absatz und Ballen – betätigen das Pedalwerk. Nicht nur mit den Händen, auch mit den Füßen können Orgelspieler den ganzen Tonraum ausloten; in der Orgelliteratur gibt es zahlreiche vieltaktige, weit ausgreifende Pedal-Soli. Das Pedal muss dabei nicht immer die tiefen Töne, den Bass, spielen. Es kann auch die Mittelstimmen, ja sogar die Oberstimme übernehmen, während die Hände die darunter liegenden Stimmen, die Bässe und Mittelstimmen, spielen – so in vielen Choralvorspielen von Johann Pachelbel bis zu Johannes Brahms.

So müssen Organisten also nicht nur die Tasten, das *Clavir*, beherrschen – sie müssen sich auch, wie Johann Sebastian Bach in seinem «Orgelbüchlein» verlangt, «im Pedalstudio ... habilitiren». Denn das Pedal wird bei genuinen Orgelkompositionen «gantz obligat tractiret». Demgemäß umfassen auch die Orgelnoten herkömmlicherweise meist nicht nur zwei Notensysteme (wie etwa beim Klavier), sondern drei – falls es sich nicht um Stücke handelt, die ausdrücklich (nur) für die Hände geschrieben sind und daher *manualiter* gespielt werden.

Trotz ihrer Künste waren die Organisten lange Zeit für das Publikum schlechterdings unsichtbar – und in ihrer Mehrzahl sind sie es auch heute noch. In den Kirchen der Christenheit (die Weltreligionen außerhalb des Christentums kennen keine Orgeln) saßen sie fast immer im Rücken oder seitlich der Gemeinde – weit oben auf der Orgelempore. Sie stand gewöhnlich im Westen, seltener im Norden oder Süden; der Altar war nach Osten orientiert. Den neugierigen Blicken der Menschen waren die Organisten entzogen. Am Spieltisch, auf «hohem Stuhle», walteten sie in Verborgenheit diskret ihres Amtes. Man sah die Organisten allenfalls von fern – so noch heute, wenn ein Orgelspieler, eine Orgelspielerin nach einem Konzert an die Brüstung der Empore tritt, um den Beifall der Zuhörer entgegen zu nehmen; oft sieht man nur winzige Punkte in der Ferne. Ein wenig anders ist es in den romanischen Ländern, in denen meist keine fest stehenden, schweren Bänke wie in Mitteleuropa und im Norden zur Kirchenausstattung gehören, sondern einzelne Stühle. Das ermöglicht den Zuhörern, bei Orgelkonzerten diese Stühle einfach umzudrehen und sich dem Organisten an der Rückwand der Kirche zuzuwenden.

Will man die Organisten nicht nur hören, sondern ihnen aus der Nähe beim Spielen zusehen, so muss man in Konzerthallen mit Konzertorgeln gehen – deren gibt es inzwischen weltweit viele, auch in Ländern ohne eigene Orgeltradition. Hier können sich Organisten am frei stehenden Spieltisch auf dem Podium als Spieler, als Künstler zeigen, ebenso wie andere Solisten – als Virtuosen mit allen Fertigkeiten: der Arbeit der Hände im raschen Wechsel der Manuale, dem Treten und Gleiten der Füße, den ruhigen oder schnellen Bewegungen des ganzen Körpers, dem Agieren an dem großen, die Spieler halb umschließenden Spieltisch. Sie können etwas aus der Literatur spielen oder das Publikum mit Improvisationen erfreuen oder verblüffen. Sie können sogar am Schluss der Darbietung elegant über das Pedal «absteigen» – und die eigene Körperdrehung zwanglos in eine Verbeugung vor den Hörern übergehen lassen (wie ich es bei Karl Richter mehrmals gesehen habe).

Den meisten Organisten ist eine solch virtuose Selbstdarstel-

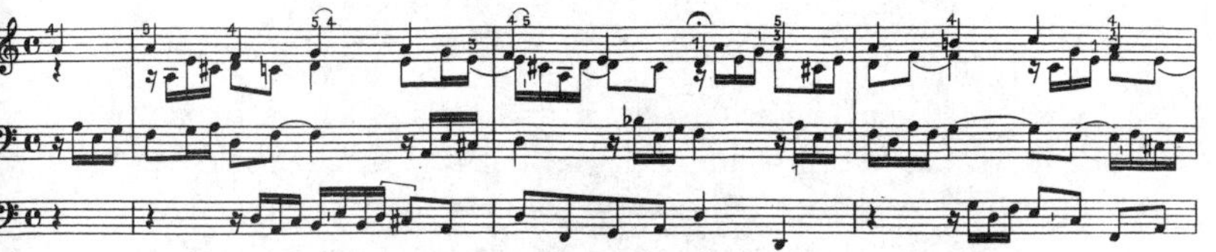

1 – Johann Sebastian Bach: Choralvorspiel «Vater unser im Himmelreich» aus dem «Orgelbüchlein». Orgelnoten werden heute, wenn die Komposition für Manual und Pedal gedacht ist, üblicherweise in drei Liniensystemen notiert: Die Manuale in den oberen beiden Systemen, das Pedal im unteren System.

lung freilich fremd. Sie sind bis heute in ihrem Auftreten eher scheu und zurückhaltend geblieben – immer noch den Kirchendienern gleichend, zu denen sie ja über viele Jahrhunderte ganz selbstverständlich gehörten (die Mehrzahl von ihnen zählt auch heute noch dazu!). Sie drängen sich nicht vor, auch dann nicht, wenn sie als Konzertvirtuosen auftreten. Sie wollen lieber angehört als angeschaut werden. Daher kennen wir die Organisten auch weniger aus Bildern (wie die meisten anderen Künstler), viel öfter kennen wir sie aus Erzählungen, Sprichwörtern, Anekdoten – und nicht zuletzt auch aus der Karikatur.

Jedermann kennt Wilhelm Buschs Lehrer Lämpel, der sonntags «in der Kirche mit Gefühle saß bei seinem Orgelspiele» – und der gleich darauf ein Opfer der Bubenstreiche von Max und Moritz wird. Und viele kennen auch sein nobles Gegenstück, den Herrn Edmund Pfühl aus Thomas Manns «Buddenbrooks», den Meister des Kontrapunkts, der in St. Marien in Lübeck den Organistendienst versieht. Er ist geradezu ein Idealbild des Künstlers: einsam in unzugänglicher Höhe über der Gemeinde thronend, im Verborgenen seine Kunst ausübend. Ganz zufrieden ist er mit dieser herausgehobenen Lage freilich nicht. Er leidet darunter, dass die Leute drunten im Kirchenschiff kein Gespür für seine Virtuosenkünste haben. Die sind in der Tat ungewöhnlich und finden selbst unter berühmten Kollegen nicht ihresgleichen. Soeben hat er vor dem staunenden kleinen Hanno Buddenbrook eine «rückgängige Imitation» gespielt, was be-

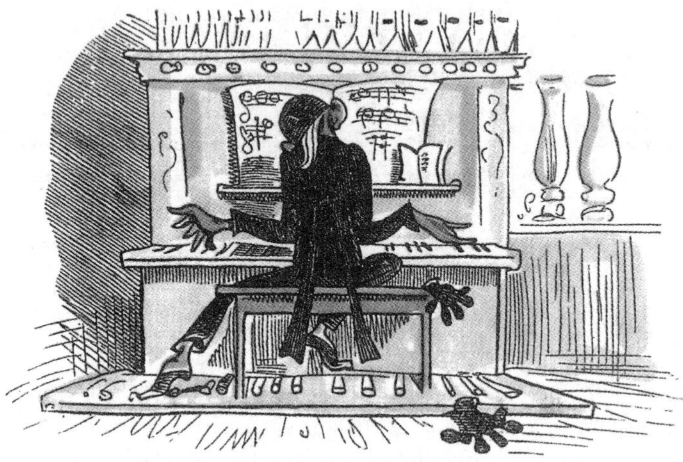

2 – Wilhelm Busch, «Max und Moritz, vierter Streich». Die Hände und das rechte Ohr von Lehrer Lämpel hat Busch riesengroß gezeichnet!

kanntermaßen zu den schwierigsten Aufgaben beim Orgelspiel gehört. Aber er bleibt damit allein und ohne ein Echo der Gemeinde. «‹Es merkt es niemand›, sagte er mit hoffnungslosem Kopfschütteln.»

Oder man denke an die sprichwörtliche Figur des alten Dorfschullehrers, «der Kinder, Weib und Orgel schlug». Man erinnere sich an den lang andauernden Bund von Musik, Religion und Pädagogik in kleinen Orten mit Lehrerdienstwohnung und geistlicher Schulaufsicht. Apropos Orgelschlagen: Das erinnert an frühe Zeiten, als die Orgel breitere Tasten hatte (wie heute noch das Carillon, das Glockenspiel), die nur schwer bewegt werden konnten, geschlagen werden mussten. Das Wort Toccata (von lat. toccare = schlagen), eine der ältesten Bezeichnungen für Instrumentalstücke, kommt daher!

Wie soll man ihn also charakterisieren, den Organisten? Wo liegt seine künstlerische Eigenart? Hans Haselböck (Wien), selbst ein renommierter Organist, beschreibt ihn nicht ohne Selbstironie wie folgt: «Ein im Lauf der Zeiten in unterschiedlicher Weise geschätzter Musicus – was vor allem in monetarischer Form seinen oft betrüblichen Ausdruck gefunden hat und noch immer findet –, der jedoch gleichsam als Ausgleich für manche himmelschreiende pekuniäre Benachteiligung in der Lage ist, mit seinem Instrument Klänge von bemerkenswerter Fülle und beträchtlicher Lautstärke hervorzubringen – ein Umstand, der das Selbstwertgefühl des besagten Organisten nicht selten beträchtlich zu steigern imstande ist. Die Wertschätzung dieses von allen anderen Instrumentisten deutlich unterschiedenen, ja irgendwie geradezu ‹abgehobenen› Musikers (er spielt ja zumeist hoch oben in den Gewölben) hält sich bedauerlicherweise in gewissen Grenzen. Auf der einen Seite finden sich Stimmen der Anerkennung, ja Bewunderung, denen aber nicht wenige abschätzige Bemerkungen gegenüberstehen» (Haselböck 27).

Heute werden Organisten an Kirchenmusikschulen, Konservatorien oder Musikhochschulen ausgebildet. Früher, vor dem 19. Jahrhundert, erlernte man das musikalische Handwerk bei einem Meister. Dazu gehörten sowohl das instrumentale Spiel als auch die Komposition und die für Organisten unentbehrliche Fähigkeit zur Improvisation. «Heute legt der Organist am Ende seiner Ausbildung eine Prüfung ab. Je nach Qualifikations-Ziel (C-, B- oder A-Examen) bewegt sich die Studiendauer zwischen vier und acht Semestern. Der Konzertorganist hat bei entsprechend längerem Studium zwei weitere Prüfungen zu bestehen. Damit ist die höchste Sprosse der Studienleiter erreicht. Das Konzertdiplom im ‹Hauptfach Orgel› besitzt durchaus Seltenheitswert» (Oehms 2, 34).

Auf einen elementaren Unterschied zu anderen Musikern macht Roman Finkenzeller aufmerksam. Der Organist ist an einem «Großgerät» tätig, das sich weder versetzen noch wegräumen lässt. «Nach dem Konzert kommt die Geige in den Geigenkasten, das Blasinstrument verschwindet mit dem Bläser, und selbst das sperrige Klavier ist für Ortsveränderungen nicht grundsätzlich ungeeignet. Unverrückbar an ihrem Platz bleibt nur die Orgel, die keines Organisten Gepäck und Eigentum ist, vielmehr zum Kirchenbau gehört wie Türme oder die Apsis» (Finkenzeller 58).

Ein so festgefügter Spiel-Platz, eine so dauerhafte Prägung durch die Liturgie, die sonn- und werktäglichen Gottesdienste, die Feste des Kirchenjahrs, die Pflichttermine der Kasualien (Taufen, Hochzeiten, Trauergottesdienste): Das ist für einen Künstler – und der Organist ist einer – eine Herausforderung. Es hat daher im Lauf der neueren Kirchen- und Musikgeschichte nicht an diversen Ausbruchsversuchen aus der strengen Kirchen-Pflicht gefehlt. Schon der junge Bach hat in Arnstadt und Weimar mit der Obrigkeit um Freiräume und Freizeiten gekämpft – einmal nahm er dafür sogar Gefängnishaft in Kauf. Und der alte Bach hat in Leipzig die langen Predigten, während derer die Orgel pausieren durfte, gelegentlich zu Ausflügen in die umliegenden Wirtschaften genutzt. Auch Mozart hat als junger Kirchenmusiker und Domorganist in Salzburg – wie bekannt – heftigen Streit mit seinem bischöflichen Oberherrn in Sachen Freiheit und Freizeit bekommen.

Gewichtiger waren die Ausbruchsversuche aus den liturgisch-musikalischen Orgel-Konventionen. Als Amsterdam 1577 calvinistisch wurde und die Orgel nicht mehr im Gottesdienst mitwirken durfte, wechselte Jan Pieterszoon Sweelinck (1562–1621), Organist der Oude Kerk und berühmter «Organistenmacher», zur Stadt: Er veranstaltete in der Kirche Orgelkonzerte außerhalb des Gottesdienstes (sie gehörten zu den ersten weltlichen Konzerten im neuzeitlichen Europa überhaupt!). Das war der Not geschuldet und geschah keineswegs freiwillig. Dagegen wandte sich zwei Jahrhunderte später Abbé Georg Joseph Vogler (1749–1814) aus eigenem Antrieb vom überlieferten Orgelbau und von der gewohnten liturgischen Dienstbarkeit der Organisten ab. Mit seinem Orchestrion, einer tragbaren Orgel mit «kantablen» Zungenpfeifen, ahmte er Windessäuseln, Donnerschläge und Schlachtenlärm nach – zum Staunen der Zeitgenossen, freilich ohne lang anhaltende Wirkung.

Wiederum zwei Jahrhunderte später proklamierte Jean Guillou (*1930) den «Aufstand der Orgeln» – so sein 2005 komponiertes Werk «La Révolte des Orgues» für große Orgel, acht Orgelpositive und Schlagzeug. Guillou, seit langem Kirchenorganist in Saint-Eustache (Paris), entwarf in Gedanken

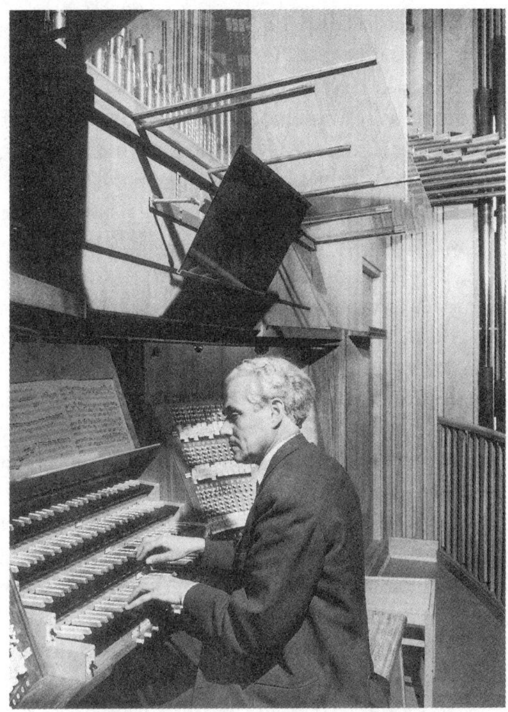

3 – Organist beim Spiel. Herbert Collum (1914–1982) an der Orgel der Dresdner Kreuzkirche. Oben «spanische Trompeten», die waagrecht in den Kirchenraum hineinragen (Chamaden).

eine «variable Orgel», die einen expressiven Anschlag erlaubt – eine Orgel, die überall, nicht nur in Konzertsälen, aufgestellt und gespielt werden kann, sogar im Freien, ja selbst im Wald. Er will die Orgeln aus ihrer Isolation herausreißen, er denkt an Orgelwettkämpfe (wie sie mit Wasserorgeln der Antike tatsächlich stattfanden!), in Theatern oder in der freien Natur. Und nicht nur die Orgel soll sich von ihrer alten kirchlichen Umwelt emanzipieren – auch der Organist soll aus seiner Anonymität heraustreten: Er soll anschaubar, gegenwärtig, greifbar werden – ein Akteur und Spieler, sichtbar in seiner ganzen Körperhaftigkeit.

Manche Organisten sind Guillou auf diesem Pfad gefolgt – ohne freilich über seine künstlerische Erfahrung und seine kompositorischen Qualitäten zu verfügen. Dabei schlägt die neue Sinnlichkeit nicht selten in eine Absage an die klassische Tradition um. Auch die schiere Provokation ist nicht fern. So wirbt der in Berlin lebende amerikanische Organist Cameron Carpenter (*1981) für eine «Revolution des Orgelspiels» mit der Bemerkung, man habe zu lange «die Gewalttätigkeit der Orgel» ignoriert, ihre Sexualität, ihr «alles verschlingendes Feuer». Konzerte von Cameron werden emphatisch als Neuheit angekündigt: «Bei ihm wird die Orgel, dieses gewaltige Instrument, das in seinen Augen schon viel zu lange in den Kirchen verstaubt, zu einem dampfenden Riesen» (Europäische Wochen Passau 2015).

Mit dem überlieferten Klang der Orgel haben Carpenters eigens für ihn gefertigte International Touring Orgel und seine Synthesizer-Samples freilich nicht mehr viel zu tun. Liegt hier die Zukunft der Orgel: in Orchestrion-Effekten, in der Auflösung fester Klangstrukturen, im Knallen, Explodieren, Stampfen, Heulen, Fauchen des Tons – oder gar in seinem allmählichen Absterben wie in alten Zeiten, als der Kalkant, der Balgtreter/Windmacher mit seinem mannsgroßen Hebel, den Orgelton, wenn er ermüdete oder keine Lust mehr hatte, schwanken und zittern ließ?

Wird die Orgel, wie Euphoriker meinen, auf diese Weise noch einmal zu einem Jugend-Instrument? Werden Pop und Rock ihre Zukunft bestimmen? Oder wird der vertraute Klang des alten Instruments, wie andere erwarten, auch künftig forttönen wie gewohnt, unbekümmert um die Veränderungen in der Zeit, der Umgebung?

Anders formuliert: Hat die Orgel eine Zukunft unabhängig von Religion, Kirche, Liturgie? Reicht der Konzertsaal, die freie Natur für sie aus? Ich meine nicht. Aber das letzte Wort ist darüber noch keineswegs gesprochen. Jahrhundertelang standen Orgel und Kirche in einer engen, einer symbiotischen Beziehung. Das wirkt im Orgelbau, in der Orgelmusik bis heute nach.

Fällt die Kirche, so scheint es, fällt auch die Orgel mit. Das gilt zumindest für die westliche Welt, für Katholiken und für Protestanten (hier insbesondere für die Lutheraner), bei denen die Orgel stets ihren Platz in der Kirche und ihre Funktion im Gottesdienst besaß. Nicht dagegen gilt es für die östliche Welt. Unter den christlichen Kirchen hat die Orthodoxie bis heute strikt am altchristlichen Instrument-Verbot festgehalten; sie kennt die Orgel nicht und lehnt sie im Gottesdienst entschieden ab. Auch die östlichen Religionen – Hinduismus, Buddhismus, Shintoismus – kennen die Orgel als Kultinstrument nicht, tasten sich erst in der Gegenwart vereinzelt und vorsichtig zu ihr vor (Bambusorgeln in Indonesien und Thailand).

Lassen wir ruhig die Kirche im Dorf. Natürlich ist die Kirchenorgel heute nicht mehr der einzige Typus der Orgel. Längst sind Konzertorgeln, aber auch Orgelharmonien, Theaterorgeln, Kinoorgeln, Multiplexorgeln, vielfältige Orgeln in Privatwohnungen, Rathäusern, Schulen, und Universitäten an ihre Seite getreten – nicht zu reden von der in jüngster Zeit stark gewachsenen Schar elektronischer Klangerzeuger. Sie alle haben ihr eigenes Leben. Sie stehen selbstbewusst neben den alten und neuen Orgeln in den Kirchen und Kapellen. Aber sie lösen diese nicht ab, treten nicht an ihre Stelle. Im Gegenteil: Die Pfeifenorgel in der Kirche, in Jahrhunderten zu einem technisch-künstlerischen Meisterwerk ausgestaltet, Zielpunkt einer umfangreichen, bis heute nicht zur Gänze erschlossenen Literatur, bleibt auch für ihre zahlreichen musikalischen Abkömmlinge das unsichtbare Muster und Vorbild. Sie ist kein Museumsstück. Kein anderes Instrument fordert den Spieler so intensiv und unabweisbar zu eigenem Tun heraus. Organisten sind geborene Improvisatoren; sie spielen nicht nur alte, sie erfinden auch neue Musik. Solange Kirchenorganisten nicht nur die klassische Literatur pflegen, sondern täglich Neues hervorbringen, solange sie nicht nur Interpreten, sondern auch Improvisatoren sind – in Europa und Amerika gibt es inzwischen Hunderte von Improvisationswettbewerben! – solange muss uns um die Zukunft der Orgel nicht bange sein.

II. Wie klingt eine Orgel?
Die Register

Eine Orgel besteht aus Pfeifen vielfältiger Art und Größe. Genau besehen *ist sie eine Summe vieler Blasinstrumente.* Ihr Klang setzt sich aus einer Vielzahl von Registern zusammen. Im vollen Werk, dem Plenum, sind es ganze Registerfamilien, die zusammen erklingen.

Wenn wir den Prospekt einer Orgel betrachten, sehen wir eine Menge von Pfeifen. Orgelpfeifen sind Röhren, in deren Innerem eine Luftsäule schwingt. Je länger die Pfeifen sind, desto tiefer der Ton, je kürzer sie sind, desto höher der Ton. Aus Schaugründen rücken in den Orgelprospekten die langen, großen, voluminösen Pfeifen mit den tiefen Tönen in den Vordergrund. Der Symmetrie halber gibt es in Orgelprospekten manchmal sogar stumme Pfeifen. Aber es existieren auch viele mittelgroße Pfeifen, auch viele kleine, die man nicht sieht, weil sie meist hinter den großen verborgen sind – oft Winzlinge, kaum größer als eine Zigarette, mit frechem, schrillem Pfiff.

Will man die Tonhöhe eines Registers benennen, so gibt man zugleich, mit dem Namen, die Länge der Pfeife an. Sie wird im Orgelbau nach Fuß berechnet (ein Fuß = ca. 30 cm, abgekürzt 1'). Es gibt bei der Orgel 32', 16', 8', 4', 2' und 1'-Register. Der 8' entspricht der Tonlage der Klaviertastatur (a^1 = 440 Hertz) und bildet in der Regel die Grundlage beim Spiel, besonders bei der Begleitung des Gemeindegesangs. Es gibt ferner Register, welche die Klangfarbe verändern, indem sie einen Oberton verstärken, die sogenannten Aliquoten. Mixturen sind Register, die mehrere Töne je Taste erklingen lassen, meist eine Mischung aus Quinten und Oktaven.

Soviel zur Ton*höhe* – das Verhältnis von Größe und Tonhöhe ist uns allen ja noch aus der Schulphysik bekannt. Aber wie steht es mit dem Ton*klang*? Die Orgel hat ja einen spezifischen

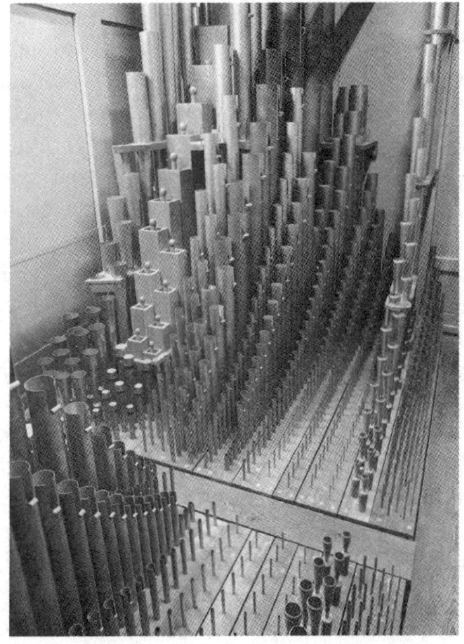

4 – Orgelpfeifen verschiedener Größe und Länge:
Blick in das Schwellwerk der Großen Orgel der Hauptkirche St. Michaelis zu Hamburg (G. F. Steinmeyer & Co., Oettingen 1962; Freiburger Orgelbau Hartwig und Tilmann Späth OHG, March-Hugstetten, 2009).

Klang, einen typischen *sound* – er gleicht beim ersten Hören dem Klang vieler Blasinstrumente.

Nach der Art, wie der Klang erzeugt wird, kann man zwei Registerarten unterscheiden: die Labialregister (von lat. labium = Lippe) und die Lingual- oder Zungenregister (von lat. lingua = Zunge). Bei den Labialregistern tönt der Pfeifenkörper selbst, ähnlich wie bei einer Flöte: Die durch den Pfeifenfuß einströmende Luft passiert einen Aufschnitt und bricht sich an einer Kante; danach schwingt die Luftsäule im Inneren der Pfeife. Bei den Zungenregistern dagegen bildet der Pfeifenkörper nur den Schallbecher für ein im Pfeifenfuß schwingendes Metallblatt, die Zunge. Die Pfeifen von Labial- und Zungenregistern können aus Metall oder aus Holz hergestellt werden. Meistens verwendet man verschiedenartige Zinn-Blei-Legierungen.

Die Labialpfeifen stellen bei den meisten Orgeln die Mehrzahl der Orgelpfeifen. Sie bilden das Rückgrat des Orgelklangs. Die Lingualpfeifen, das Rohrwerk – bei kleinen Orgeln oft nur ansatzweise vorhanden oder ganz fehlend – haben einen geringeren Anteil (im Allgemeinen 10–20%). Dies gilt freilich nur für den Norden Europas; im Süden, vor allem in Spanien, kann der Anteil der Zungenstimmen erheblich ansteigen. Neben den vielfältigen Labialregistern mit weitgehend einheitlichen Namen – Flöten, Prinzipalen, Oktaven, Mixturen, die den sogenannten Weitchor (weite Mensuren) und den Engchor (mittlere Mensuren) bilden – tragen vor allem die Rohrwerke einprägsame Bezeichnungen alter Blasinstrumente: Krummhorn, Rankett, Bärpfeife, Schalmei, Bombarde. Die Aliquote treten in Form von Quinten, Terzen, Septimen, Nonen auf; die Mixturen weisen Großmixturen (Hintersatz) sowie Terz- und Septimenmixturen auf; eine hochliegende helle Kleinmixtur trägt den Namen Scharf.

Register und Registerfamilien erzeugen die für die Orgeln typischen Klangfarben. Hier hat sich in Europa im Lauf der Jahrhunderte eine regelrechte Klanggeographie entwickelt. Im Norden (Norddeutschland und Skandinavien) dominiert die Klangfarbe der Prinzipale und der aus ihnen gebildeten Mixturen, während die Flöten zurücktreten. Im Süden (in Süddeutschland und einigen angrenzenden Gebieten) dagegen sind die Flöten dominanter. Rohrwerke sind in französischen und spanischen Orgeln stärker vertreten und spielen mit ihrer Klanggestalt eine Rolle in der von ihnen geprägten Musik. Mitteldeutschland und Osteuropa liegen dazwischen. Auf Südländer wirkt der Typus der norddeutschen Barockorgel oftmals steil, hell, klirrend – während wiederum die Nordländer bei zungenreichen südlichen Orgeln das unerwartet Sanfte und Füllige, manchmal Harmoniumartige als etwas deutlich Anderes wahrnehmen. Ein weiterer Unterschied ist, dass der Norden früher als der Süden das Pedal zu voller Breite ausgebaut hat: Man vergleiche z. B. nur eine Arp Schnitger-Orgel und ihr umfängliches Pedalwerk mit den be-

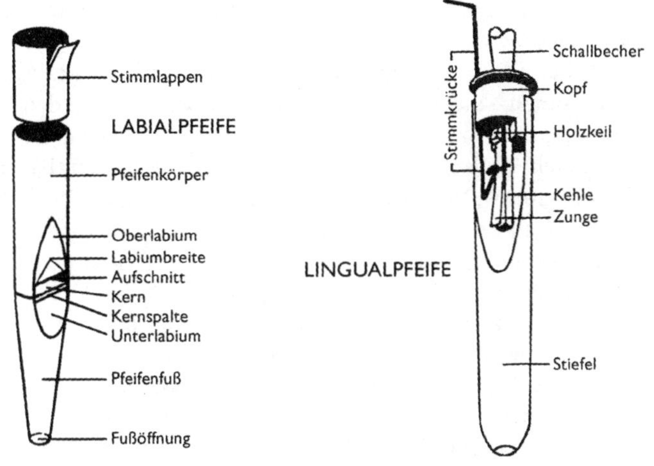

5 – Bau einer Labialpfeife (links) und einer Lingualpfeife (rechts).

scheidenen Pedalen des Südens – mit den oft unverbundenen Pedalstümpfen selbst kunstreicher Orgeln wie etwa den Chororgeln von Karl Joseph Riepp in Ottobeuren (1757–66).

Jean Guillou sieht in den Flöten eine Verbindung der Orgel zur Natur – zu den bukolischen Tönen der Hirten wie zu den Stürmen und Gewittern der Jahreszeiten. Er hebt den Unterschied der Flöten und der Prinzipale hervor. «Während die Flöte ihren Hirtencharakter beibehält, wird der Prinzipal zu einer Stimme, von der man hört, wie sie über die Lippen kommt und zur Rede wird.» Die Flöte verkörpert den Atemhauch, der Prinzipal steht für den Atem selbst (Guillou 112).

Die Orgel hat zwar Tasten («Klaviere») und Pedale, gehört aber zum Typus der blasenden Instrumente. Sie ist ein Tasten-Blasinstrument, ein großes Bläser-Werk, verstetigt durch gleichmäßige, heute meist elektrisch gesteuerte Windzufuhr. Durch diesen Zustrom entzieht sich die Orgel dem Menschenmund, dem Auf und Ab menschlicher Affekte und Passionen. Sie bildet ein Gegenstück zu den Saiteninstrumenten und Menschenstimmen mit ihrer Dynamik – ein Gegenstück auch zum modernen

Orchester, diesem noblen Ausdruck menschlicher Gefühle und Leidenschaften.

Man hat zwar versucht, die Menschenstimme auf der Orgel nachzuahmen – die entsprechende Zungenstimme trägt den Namen «Vox humana». Ebenso hat man die Streicher nachzubilden versucht: in Registern wie Zartgeige, Viola da Gamba, Äoline, Unda maris, Vox coelestis, Salizional. Die eng mensurierten Streicherstimmen sind ohne Frage eine Bereicherung der Orgel. Freilich kommt es dabei auf das Maß und die Balance an. Denn die Orgel kann sich die Nachahmung des modernen Orchesters nicht unbegrenzt leisten – nimmt sie überhand, so verschwindet der spezifische Orgelklang. Auch der Dynamisierung des Tons durch Schwellwerke – hier wird ein geschlossenes Gehäuse geöffnet, so dass die Töne lauter oder leiser klingen – sind Grenzen gesetzt. Das geht im Allgemeinen nur bei Solostimmen; versucht man die Orgel als Ganze zu «dynamisieren», so fängt sie an zu jaulen und zu heulen. Schreien darf sie übrigens durchaus, wenn auch nur in Teilwerken; viele vorbarocke und barocke Orgeln hatten sogar ein steil disponiertes «Schreiwerk»!

Kurzum: Die Orgel ist, im Unterschied zu den Streichinstrumenten, im Prinzip auf Gleichmaß und ruhiges Ausbreiten der Klangformen gestellt – ein Stück weit zurückreichender Tradition im neuzeitlichen Instrumentenkosmos, ein Element jener *musica mundana*, von der antike und mittelalterliche Musiktheoretiker und -philosophen sprachen. Lange Zeit konnte kein Instrument tiefere oder höhere Töne erzeugen als die Orgel. Für den Bereich der nicht-elektronischen Musikinstrumente gilt dies nach wie vor. «... auch vom Standpunkt der Technik gesehen, gebührt der Orgel der Titel ‹Königin der Instrumente›. Denn kein anderes Instrument kommt ihr an Tonumfang, Tonstärke und Tonfärbung gleich. Mittels der 1-füßigen Register lassen sich nämlich die höchsten und mittels der 64-füßigen Stimmen die tiefsten musikalisch brauchbaren Töne erzeugen; die größeren Orgeln halten ferner in der Tonstärke einem ganzen Orchester das Gleichgewicht; und schließlich lassen sich auf keinem anderen Instrument so viel verschiedenartige Tonfärbungen erzielen, wie dies gerade bei der Orgel der Fall ist» (Kwasnik 11).

Der gleichmäßige Ton der Orgel, die Starre der Töne nach dem Anschlag (nicht schon *beim* Anschlag!), die Form und Festigkeit der Klangstruktur, das Terrassenhafte ihres Aufbaus im Gegensatz zur Dynamik des modernen Orchesters – das alles verhindert nicht, dass die Orgel in ihren Registern und Registerfamilien eine große Vielfalt von Klängen bietet: vom leisen Summen schwacher Bässe bis zum Schnarren tiefer Zungenstimmen, vom entmaterialisierten Klang der Flötenchöre bis zum Klirren und Strahlen der Mixturen, von satten festen Prinzipalen bis zu dumpfen Gedackten – überdachten, gedämpften Pfeifen – und vielem anderen mehr. Der Fantasie der Organisten und der Eindrucksfähigkeit der Zuhörer sind da kaum Grenzen gesetzt. Dabei liegt das Eigentümliche der alten Orgelwerke weniger im brausenden Tutti-Klang als in «wunderbaren, pastellhaften Einzelfarben sowie poesievollen Mischungen» (so Friedrich Jakob über die Gabler-Orgel der Basilika Weingarten).

In eine Orgel muss man sich einhören. Keine ist wie die andere. Jede hat ihren spezifischen Klang. Das Einhören geht nicht einfach von selbst und erfordert ein wenig Anstrengung. Wie viele Musikliebhaber – und selbst Musikkritiker – habe ich kennen gelernt, die etwa bei Gesangsfächern, beim Violin- oder Klavierspiel jede Nuance zu unterscheiden wussten, sich aber bei Orgelmusik (und älterer Musik überhaupt) mit Pauschalansichten begnügten. Rasch ist dann das Vorurteil bei der Hand, die Orgel brause und dröhne, sie begrabe alles unter ihren Tonwogen – oder sie verströme wolkige Gefühligkeit. Zugegeben, das können Gefahren sein. Aber gute Orgelbauer – und gute Orgelspieler – werden sie leicht vermeiden. Und dann zeigt sich: Gut eingefügt in eine Kirchen- oder Profanarchitektur, gut intoniert und gut gespielt, ist die Orgel eins der klarsten, durchsichtigsten Instrumente überhaupt, von scharfer Zeichnung und großer Genauigkeit und Deutlichkeit. Bei einer guten Orgel hört man jeden Fehler. Nichts lässt sich verwischen, nichts kann, wie beim Klavier, in einer Pedalwolke verschwinden. Und das gilt nicht nur für vorbarocke und barocke Musik mit raschem Laufwerk und polyphoner Transparenz – es gilt auch für die homophonen, akkordischen Sätze der Romantik, für die aus Orgelpfeifen aufsteigenden, leise verfremdeten Äolinen-, Gamben-, Celloklänge – und nicht minder für die freien Rhythmen, die Synkopen, Cluster und dynamischen Kontraste der Moderne und der Gegenwart.

Wie kein anderes Instrument ist die Orgel in der Lage, den Eindruck einer fast unbegrenzten Ton*dauer* zu vermitteln. Der Organist muss nur seine Hände auf den Tasten, seine Füße auf den Pedalen liegen lassen. Denn die Orgel braucht, um eine Stimme lange auszuhalten, nicht den menschlichen Atem wie bei Blasinstrumenten und auch nicht den Bogenstrich der Hand wie bei Geigen und Celli. Es genügt die gleichmäßige, mechanisch vermittelte Windzufuhr.

So ist die Orgel auch für avantgardistische Experimente gut – wie gegenwärtig etwa für die Präsentation eines Werkes von John Cage (1912–1992): «ORGAN²/ASLSP = As slow as possible» (komponiert 1987). Cages Werk wird seit 2001 in der Kirche St. Burchardi zu Halberstadt aufgeführt. Für die Realisierung sind satte 639 Jahre vorgesehen. Warum gerade 639 Jahre? Nun, die einstige berühmte Blockwerk-Orgel des Halberstädter Doms stammt aus dem Jahr 1361 – sie ist eines der frühesten Zeugnisse abendländischer Orgelkunst. Und wir, die Nachgeborenen, stehen gegenwärtig noch immer in der Nähe der Jahrtausendwende. Was liegt also näher als der Gedanke, eine gleich lange Zeit als Aufführungsdauer jenseits des Jahres 2000 vorzusehen für ein Werk, das ja «so langsam wie nur möglich» gespielt werden soll: mit einem Wechsel der Akkorde nicht in Sekunden oder Minuten, sondern in Tagen, Wochen, Monaten, Jahren, Jahrhunderten?

Ein bisschen verrückt ist das Ganze schon. Die ins Auge gefasste Zeitspanne geht über das persönlich erfahrbare individuelle Leben weit hinaus. Sie nimmt ganze Jahrhunderte in den Blick. Es ist, wie einer der Beteiligten gesagt hat, als wolle man einer Eintagsfliege die Jahreszeiten erklären. Aber orgelgemäß gedacht ist der Plan ohne Zweifel. Deshalb gab es auch schon mehrfach Beifall von Theologen: Kann man doch im «langen Atem» der Orgel auch ein Symbol sehen für das lebenschaffende, die Welt erhaltende Pneuma Gottes.

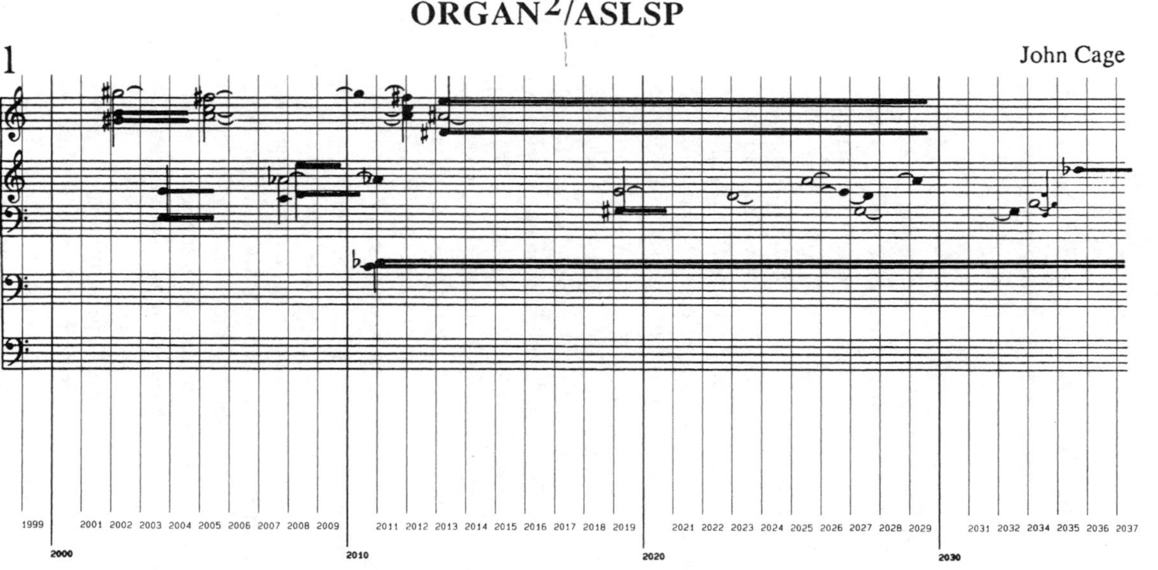

6 – John Cage: ORGAN² / ASLSP

III. Wie spielt man auf einer Orgel? «Lunge» und «Nervensystem»

Zwei Aspekte der Orgel, ihre Verfassung, ihre Physiologie, haben wir im Vorübergehen schon gestreift. Sie sollen im Folgenden noch ein wenig genauer dargestellt werden. Die Orgel hat eine *Lunge* – die Windversorgung. Und sie hat ein *Nervensystem* – zentralisiert in der Traktur und im Spieltisch.

«Seit der Erfindung des Elektromotors und seiner Verwendung als Winderzeuger ...», bemerkt Jean Guillou, «hat sich die Windversorgung erheblich verbessert. Damit verschwand jener seltsame Beruf des Kalkanten. ... Erinnern wir uns, dass man für die Windversorgung einer Orgel von der Größe jener in der Kirche von Saint-Eustache [in Paris] acht Kalkanten benötigte! Also konnten die Organisten während langer Jahrhunderte keinen einzigen Ton auf ihrem Instrument spielen, ohne diesen Herren Kalkanten ihren Tribut zu leisten. Sicherlich stets guten Willens, aber oft ein wenig faul, unterbrachen sie manchmal ein Werk mitten in dessen Ausführung – sei es, dass sie das Werk zu lang fanden, sei es, dass der Organist zu viele Register zog und dies den immer erschöpften Armen bzw. Beinen unserer ‹Zyklopen› zuviel Wind abverlangte. So wird verständlich, was lange Zeit verhinderte, dass die Organisten große Virtuosen wurden: Sie konnten sich nicht voll und ganz ihrem Instrument widmen wie etwa die Pianisten. Auch mag diese Abhängigkeit von Helfern erklären, weshalb die Komponisten aller Epochen bis zum 19. Jahrhundert kaum für die Orgel schrieben; Ausnahmen waren freilich jene Tonsetzer, die in der Liturgie selbst Orgel spielten» (Guillou 84).

Nun: In der modernen Orgel erfolgt die Windzufuhr durch ein Elektrogebläse. Komprimierte Luft wird durch Windkanäle an die Pfeifen herangeführt. Eine Windlade verteilt den Wind auf Register und Töne. Das geschieht heute auf mechanischem

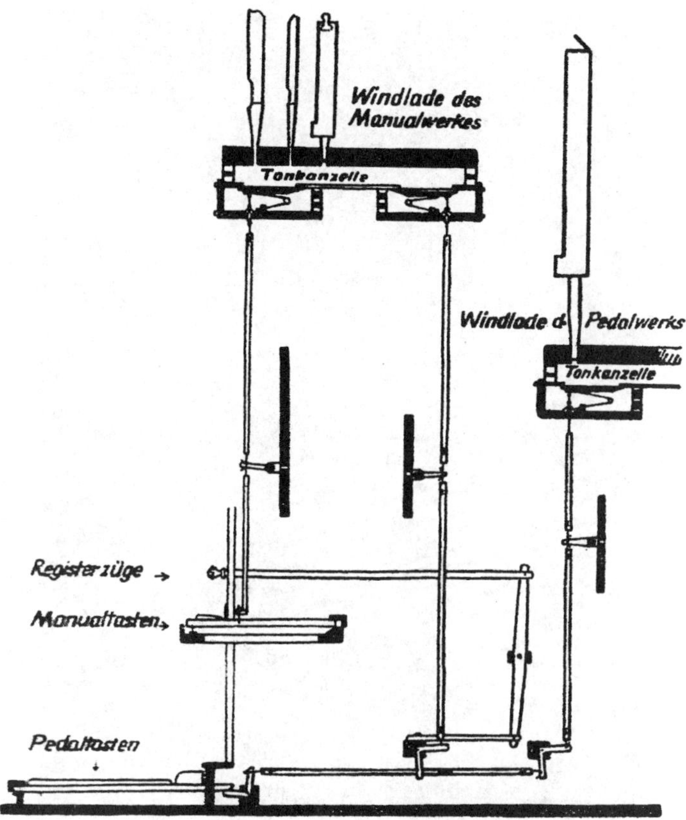

7 – Schema der mechanischen Steuerung einer Orgel.
Schmale Holzbänder, sogenannte Abstrakten, stellen die Verbindung her zwischen den Registerzügen, den Manual- bzw. Pedaltasten und den Ventilen in der Windlade.

oder elektrischem Weg: Ein Hebel oder ein Elektromagnet zieht das Ventil auf, sobald die Manualtaste (oder das Pedal) angeschlagen wird.

Und wo setzt man diesen komplexen Mechanismus in Bewegung? Die Antwort lautet: am Spieltisch. Der Spieltisch ist mit der Lunge der Orgel, der Windversorgung, durch ein System

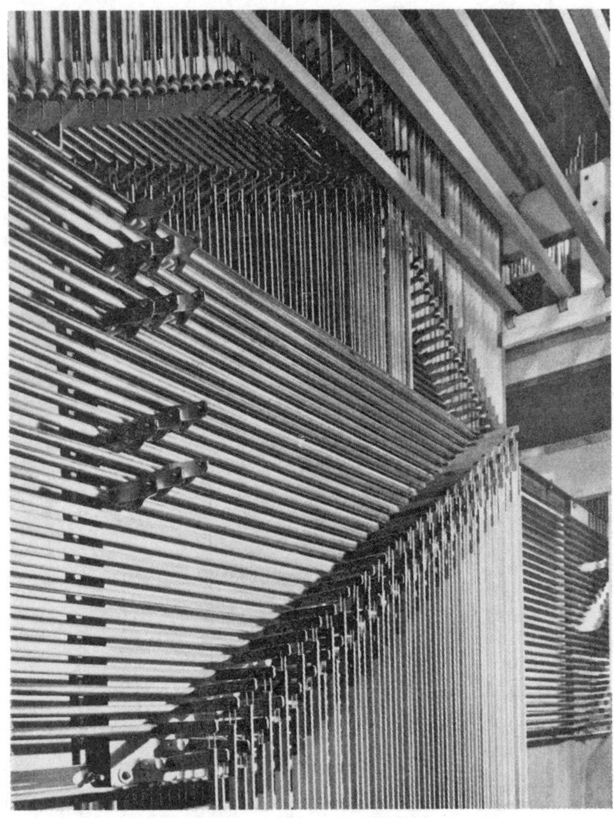

8 – Wellenbretter und Trakturen der Orgel in der Dominikanerkirche in Landshut (Gerhard Schmid 1966). Die mechanischen Trakturen verbinden fünf Manualwerke durch vier Manualkoppeln.

von Gestängen und Wellenbrettern verbunden, der sogenannten Traktur. Sie überträgt das Ziehen der Register sowie das Spiel auf den Manual- und Pedaltasten, um Ton- und Registerventile zu öffnen bzw. zu schließen (Registertraktur und Spieltraktur sind zu unterscheiden). Das Öffnen und Schließen geschah lange Zeit nur auf mechanischem Weg; seit dem 19. Jahrhundert kamen pneumatische, später elektrische Verfahren – oft auch Kombinationen aller zwei oder drei – hinzu. In jüngster Zeit hat die alte mechanische Traktur wegen ihrer Präzision neues Ansehen erworben; viele Orgelbauer sind zu ihr zurückgekehrt. Hier wird der Tastenanschlag durch sogenannte Abstrakten (dünne Holzleisten) zur Windlade geführt (lat. abstrahere = wegführen); der Registerzug ist durch Wellen aus Holz oder Metall mit den Registerventilen verbunden.

Der Spieltisch enthält die Manuale, mit denen die einzelnen Werke (Hauptwerk, Schwellwerk, Brustwerk, Rückpositiv) angespielt werden (normalerweise zwei bis vier Manuale, in neueren, besonders in amerikanischen Orgeln bis zu sieben!). Er enthält das Pedal; Experimente mit zwei Pedalklaviaturen haben sich nicht durchgesetzt. Das Pedal ist bei modernen Orgeln oft bogenförmig ausgestaltet: Die Außentasten sind höher als die in der Mitte liegenden.

Rechts und links von den Manualen breiten sich am Spieltisch die Registerzüge aus. In alten Orgeln waren es wirklich «Züge», Zapfen zum Herausziehen, oft besonders kunstvoll geschnitzt; manchmal hatte man dort sogar die Gesichter bekannter Persönlichkeiten verewigt (so in St. Jakobi in Hamburg). Inzwischen wurde die Zapfen fast überall durch Kipptasten ersetzt. Normalerweise benutzt der Organist beim Gottesdienst, bei der Liedbegleitung und beim normalen Spiel die sogenannte Handregistratur; für Vorspiele, solistische Einlagen usw. sind die freien Kombinationen – kleine Knöpfe oder Schalter über den weißen Klappen – gedacht (meist drei). Heute sind die freien Kombinationen freilich meist durch elektronisch gestützte Speicher mit unbegrenzter Aufnahmefähigkeit ersetzt. So kann man die unzähligen Registerwechsel eines ganzen Konzerts programmieren. Einen Registranten braucht man dazu kaum noch. Wichtig sind die im Lauf der Zeit beträchtlich vermehrten Spielhilfen: Pedal- und Manualkoppeln, welche die verschiedenen Werke miteinander verbinden, Abstellknöpfe, Einstellungen verschiedener Lautstärken vom Piano bis zum Forte und zum Generaltutti – ferner die Crescendo-Walze, welche die Register der Orgel der Lautstärke nach einschaltet, und der Jalousieschweller, der den Schwellkasten öff-

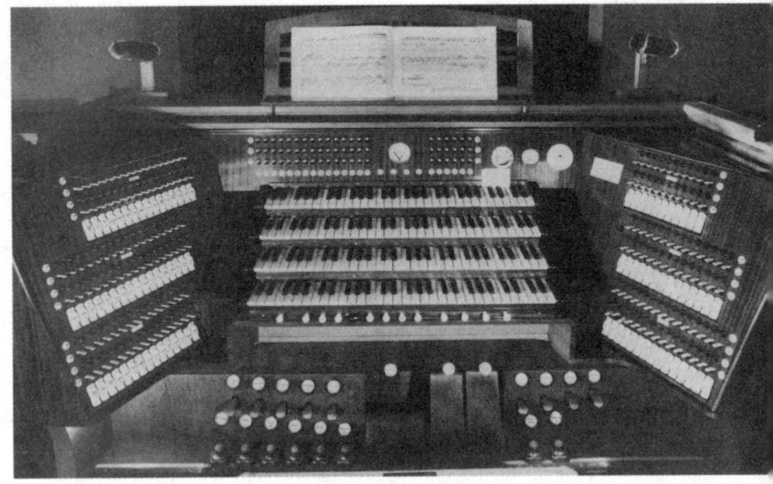

9 – Spieltisch der 1936 erbauten Orgel in der Kreuzkirche zu Seifhennersdorf (Oberlausitz). Vier Manuale und Pedal (nicht sichtbar), 72 klingende Register, vier Kombinationen, zahlreiche Spielhilfen, die von Hand und Fuß bedienbar sind.

net und schließt und damit den Ton verstärkt oder verklingen lässt.

Nochmals Jean Guillou: «Der Spieltisch ist jener Teil, den man als das Nervensystem der Orgel bezeichnen könnte und der bewirkt, dass die Orgel im übertragenen Sinn Mensch wird. Die Spielanlage verkörpert Finger, Ohren und Gehirn der Orgel; durch sie hört die Orgel, lässt sie sich hinreißen, erfährt sie Schmerz und Leidenschaft, erneuert sie jedes Mal auf verschiedene Weise das Phänomen der Schöpfung, jenes des Gefühls, des Zerschmelzens oder des Zerspringens» (Guillou 88).

Noch etwas mag in diesem Zusammenhang erwähnt werden: Nicht wenige Organisten und Orgelkomponisten waren bzw. sind blind. In Deutschland reicht die Reihe von Conrad Paumann bis zu Helmut Walcha; in Frankreich gehören allein im 20. Jahrhundert – neben Louis Vierne und Gaston Litaize – André Marchal und Jean Langlais dazu. Das kunstvolle *Nerven-*

system des Spieltischs erlaubt es auch einem Blinden, die Orgel auf kurze Distanz, im nahen Zugriff auf Manuale, Pedale, Registerzüge mit dem Tastsinn und dem Gehör zu lenken, also auf der Orgelbank trotz der Behinderung «im Regiment zu sitzen». Die nötige Abgeschiedenheit ist auch da. Das Publikum fehlt. Das kommt der Konzentration zugute. Ich habe Jean Langlais in der Münchner Liebfrauenkirche beim Spiel zusehen dürfen und war verblüfft und begeistert von seiner spielerischen Vitalität und Kunst.

IV. Die Orgel als Baukunstwerk

Die Orgel ist nicht nur ein Musikinstrument. Sie ist auch ein weithin sichtbares Baukunstwerk. Sie tönt nicht nur, sie will auch angeschaut und bewundert werden – ob es sich nun um ein kleineres oder mittelgroßes Instrument im Vorderraum einer Klosterkirche handelt, das der Begleitung des Chores dient – oder ob die Orgel als «Schwalbennest» in gefährlicher Höhe an der Wand einer Kathedrale hängt (wie in Chartres, Straßburg, Freiburg, Worms) – oder ob sie als majestätisches, virtuos um Fenster herumgebautes, mit Malereien und Figuren übersätes Kunstwerk in einer reichen Holzverkleidung (frz. Boiserie) auf der Rückempore einer Kirche prangt. Wie wenig ist von all dem bis heute in Kirchenführern, Filmen, Videos, auf Postkarten zu sehen! Man mache die Probe: Auf 20 Abbildungen «Blick zum Chor», «Blick auf den Altar» kommt kaum ein einziger «Blick zur Orgelempore». Ich staune auch, dass es bis heute kaum Architekturhistoriker zu geben scheint, die sich intensiv den beeindruckenden Orgelbauten in Europas großen Kathedralen widmen.

Dabei – was kann man hier nicht alles entdecken, wenn man nur geduldig Ausschau hält! Oft ist ein alter Prospekt mit seinem Licht- und Formenspiel, seiner kühnen, wuchtigen oder zierlichen Architektur, seinen Malereien und Plastiken nicht nur ein Fest für die Augen – er gibt auch wichtige Aufschlüsse über Liturgie und gottesdienstliche Praxis, über Engel und Heilige, ihre Gestalt und ihr Tun, über das Kirchenjahr und seine Feste – ja sogar über das Volksleben, über Familie, Gesellschaft, Geselligkeit. Dem allem ist die Orgel nahe, sowohl in ihrer baulichen als auch in ihrer musikalischen Gestalt. Denn so ernst und würdig sie auch in ihrem Klang daherschreitet, sie kennt doch als Musikinstrument auch Vergnügliches und Überraschendes: die Trommel, den Nachtigallenzug, das Pedalglockenspiel, den

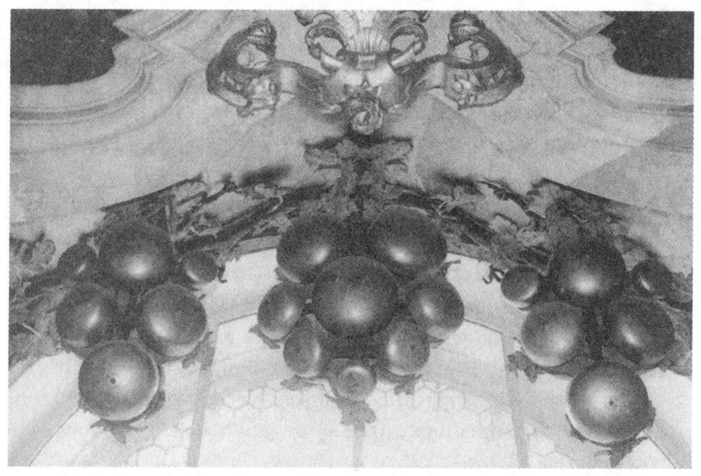

10 – Pedalglockenspiel der Orgel in Weingarten, in der Form von drei Trauben aufgehängt.

Zimbelstern; und als Krönung den Roraffen, der, wenn der Organist den entsprechenden Zug betätigt, seine Trompete an den Mund führt – oder der gar spricht und lästert, wie es vom Straßburger Münster überliefert ist. Damit hat die Orgel teil an der volkstümlichen Musik, am Theater, am heiteren Spiel. Der Schritt zur Drehorgel auf Märkten und Freiplätzen ist da nicht weit.

Es ist freilich ein langer Weg, der von den bescheidenen Instrumenten der Frühzeit zu den großen, oft übermächtigen Orgeln des 17. und 18. Jahrhunderts führt. Anfangs sind viele Orgeln klein; ihr schwacher Ton kann die hohen und weiten Räume romanischer und gotischer Kirchen nicht füllen. Viele der ältesten Orgeln sind *Portative,* tragbare Instrumente, nirgends fest verankert; daher kann man sie bei Festen und Prozessionen mitführen und überall erklingen lassen. So erscheinen sie erstmals in den malerischen Darstellungen des 15. Jahrhunderts. Singende und spielende Engel halten das Portativ in Händen, sorgen mit der Linken für den Wind und spielen mit der Rechten auf den Obertasten (Abb. 11 links). Handelt es sich um ein Portativ mit Zungenstimmen, sprechen wir von einem *Regal*.

Schon ein wenig sesshafter, an festen Orten stehend, gibt sich das Orgel*positiv*. In Jan van Eycks «Anbetung des Lammes» in der St. Bavokathedrale in Gent (Abb. 11 rechts) spielt ein musizierender Engel auf seinen schmalen Tasten – und muss dazu auf einem Stuhl Platz nehmen, denn das Instrument steht fest auf dem Boden wie ein moderner Konzertflügel. Lange Zeit wird im Abendland keine Orgel gemalt, ohne dass die auf ihr spielenden Engel oder Menschen ins Bild kommen. Erst als die Instrumente größer werden und unter den Gewölben der großen Kirchen Platz nehmen, erst als die Gehäuse sich verselbständigen und ins Monumentale wachsen, verschwinden die Menschen aus den Bildern: jetzt ist die Orgel als Baukunstwerk sich selbst genug.

Heute hat die Orgel meist ihren Platz auf der – eigens für sie und den Kirchenchor errichteten – Empore. Sie bildet das räumliche Pendant zum Altar und zum Chor – oft ein höchst beachtliches, monumentales Gegenüber. Die Orgel steht in einem Gehäuse (frz. Buffet, ndl. Custodie), in dem alle Orgelteile untergebracht sind. «Das Gehäuse schützt das Instrument vor neugierigen und mutwilligen Personen, vor Ungeziefer und Vögeln, vor Staub und Qualm und vor plötzlichem Temperaturwechsel. Soll der Schutz vollkommen wirksam sein, so muss man das Instrument von allen Seiten abschließen können. Aus diesem Grund waren die Orgeln bis zum Beginn des 18. Jahrhunderts häufig mit massiv hölzernen oder mit Leinen bespannten Türen versehen – einem dankbaren Objekt für die Maler – und die offenen Stellen im Prospekt, also zwischen den Pfeifenfüßen und bei den oberen Pfeifenenden, wurden stets mit Schnitzwerk ausgefüllt. Bei alledem ist die akustische Bedeutung des Gehäuses seine wichtigste Funktion. Das Gehäuse dient als Rückstrahlwand, die den Klang der darin befindlichen Pfeifen zunächst mischt und sodann in die gewünschte Richtung leitet» (Peeters / Vente 14).

Im Norden etablierten sich seit dem 15. Jahrhundert die «Werke» der Orgel als eigene bauliche Größen. Das Große

11 – Orgelportativ und Orgelpositiv. Links Hans Memling (1433–1494): Christus, umgeben von singenden und instrumentenspielenden Engeln (Ausschnitt); Koninklijk Museum voor Schone Kunsten, Antwerpen. Rechts Jan van Eyck (1390–1441): Anbetung des Lammes (Ausschnitt) St. Bavokathedrale in Gent.

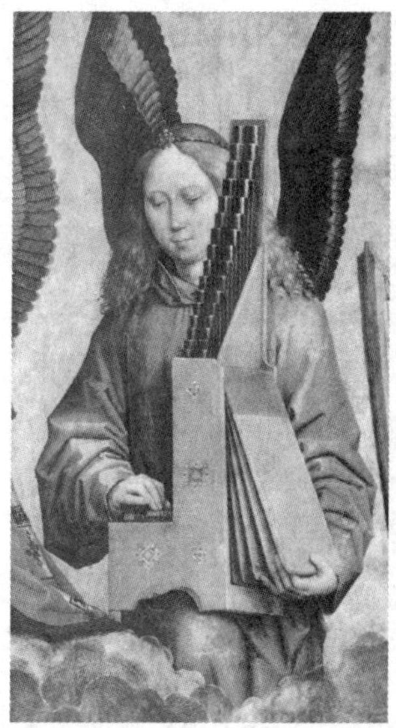

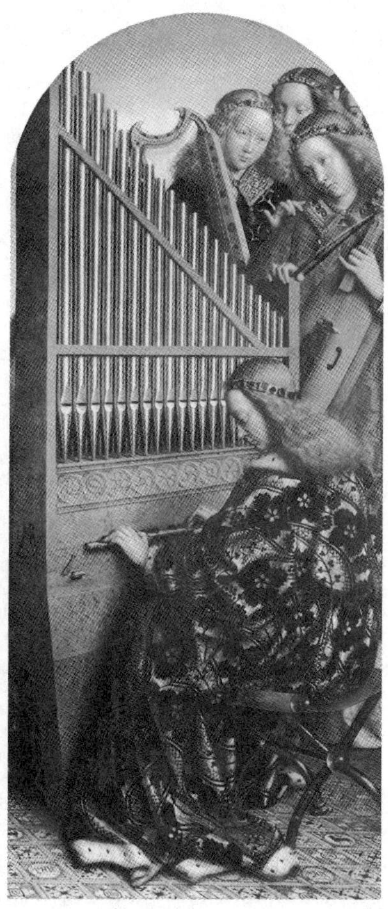

Werk (Hauptwerk) steht dominierend in der Mitte. Daneben treten kleinere Werke mit eigenen Gehäusen hervor: das Brustwerk, das Rückpositiv, später das Schwellwerk. Im Süden und in Frankreich behielten die Orgeln ein mehr horizontales Gepräge, weil die Werke (Echo und Récit) kleiner waren und weniger Höhe brauchten, außerdem die ganz großen Pedalpfeifen fehlten.

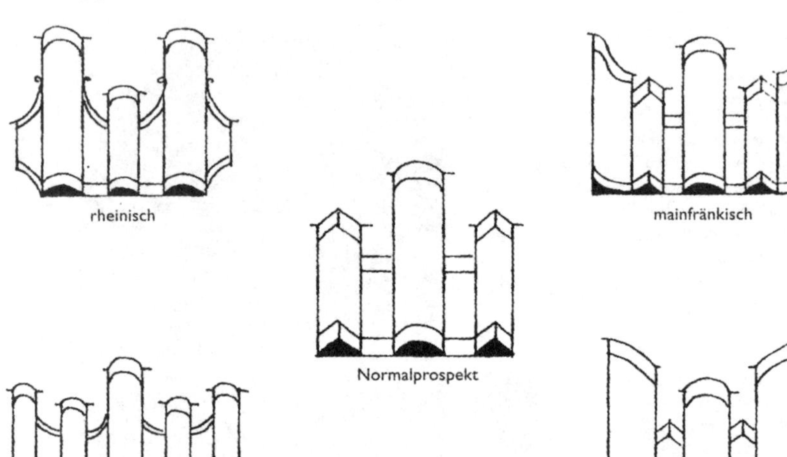

12 – Westeuropäische Rundturmprospekte.
Die Prospekte rechts und links zeigen die charakteristischen «Abweichungen» von dem in der Mitte dargestellten «Normalprospekt».

Entscheidend für das architektonische Bild war die offene Seite des Orgelgehäuses. Sie setzte sich aus zwei Bauelementen zusammen: den «Türmen» und den «Feldern». Die Türme – man unterscheidet Rund-, Trapez- und Spitztürme – betonen die Vertikale; die Felder, die Zwischen- oder Randglieder des Prospekts, weisen einen flächigen, horizontalen Charakter auf (Fischer 77f.). Türme und Felder können auf unterschiedliche Art miteinander kombiniert werden. So entstehen unzählige Varianten im Orgelbau, differenziert nach Landschaften, liturgischen und konfessionellen Gegebenheiten sowie dem persönlichen Stil der Orgelbauer und ihrer Schulen. Im Norden entwickelte sich unter niederländischem Einfluss der «Hamburger Prospekt»: Die Manualwerke stehen in der Mitte und werden rechts und links von Pedaltürmen flankiert.

Die technische Entwicklung des Orgelbaus half der Orgel, mit ihrem Klang allmählich auch die großen Räume der Roma-

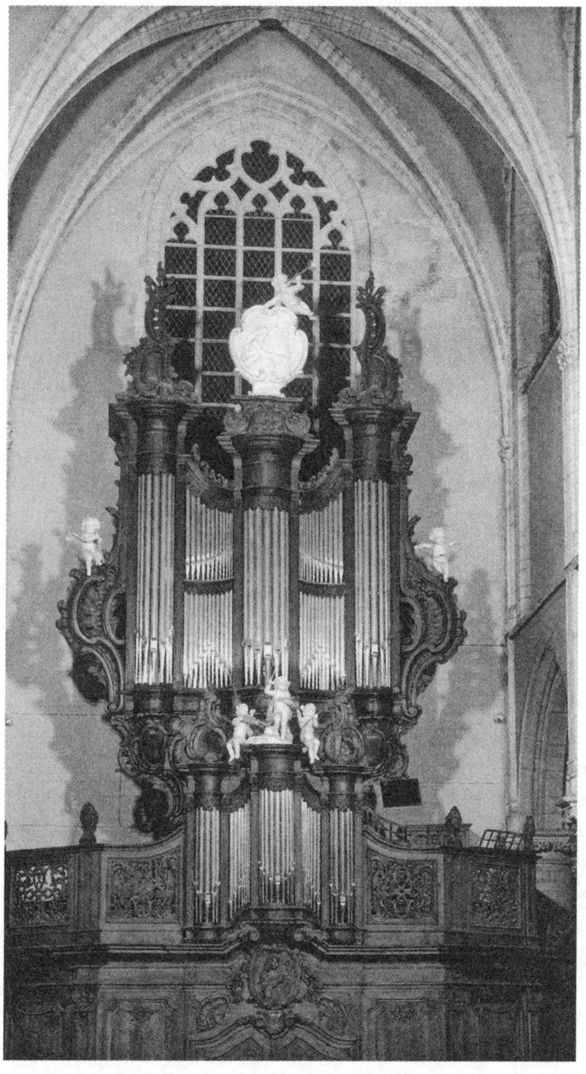

13 – Herentals (Antwerpen): St. Waldetrudis.
Orgel von Jacobus Fredericus und Ludovicus Franciscus Verbuecken (1774).
Charakteristisch der heruntergezogene Mittelturm.

nik und der Gotik zu füllen. Das hatte sie lange Zeit nicht vermocht (und auch nicht ernstlich angestrebt). Die hohen und steilen Wände der Gotik boten ja auch wenig Möglichkeiten für Orgel-Einbauten. Spätestens seit dem 17. Jahrhundert aber konnten die Orgelbauer wachsende Tonstärken zum Füllen großer Räume aufbieten – und im Barock verfügten sie endlich auch über große, die Rückwand ausfüllende Emporen – ein Architekturstück, das in romanischen und gotischen Kirchen noch nicht allgemein verbreitet war.

So entwickelte sich die klassische Form der Großen Orgel des 17. und 18. Jahrhunderts. Es entstanden Meisterwerke der Baukunst und der Kunsttischlerei. «Man kann den Klassizismus des 17. Jahrhunderts und die barocke Größe des 18. Jahrhunderts in ihren verschiedenen und eigenartigen Ausdrucksweisen nur bewundern», urteilt Jean Guillou. «Das Studium dieser Gehäuse würde ein neues Werk über eine Architektur füllen, die man mit keiner anderen vergleichen kann, eine Architektur der ‹Inventate›, um Giovanni Battista Piranesis Ausdruck zu gebrauchen. Zweifellos begegnen uns hier alle Ausdrücke einer wohlkodifizierten Sprache mit ihren Pilastern, ihrem Blumenzierrat, ihren Architraven, Gesimsen, Giebeln und Friesen. ... Jeden Tag bewundern wir in allen Kathedralen oder Abteien Europas diese großen lyrischen Gedichte, Ausdruck aller Phantasien des Möbelbaues und der Bildhauerei, denen außer der Größe der Pfeifen und dem Raum, der der Orgel zur Verfügung steht, kein Zwang auferlegt ist. Wir kennen Weingarten, Oliva, Haarlem, Sao Vincente in Lissabon und so viele andere Beispiele». In der Tat stammen aus dem 17. und 18. Jahrhundert in der Orgelbaukunst bis heute unübertroffene Höhepunkte. Spätere Epochen – so Guillou – vermochten die vergangene Größe nur noch nachzuahmen; vor allem das 19. Jahrhundert brachte viele «traurige Plagiate der Gotik» hervor (Guillou 103f.).

Im 19. Jahrhundert trat gegenüber der optischen Präsenz der Orgel die musikalische erneut in den Vordergrund. Es ging um die Klangfüllung der großen Kirchenräume – vor allem der zahlreichen bis dahin noch unfertigen, im 19. Jahrhundert «zu Ende gebauten» romanischen und gotischen Kirchen. Die fortschrittsgläubige Zeit suchte das Problem durch wachsende Technik, durch immer größere Orgeldimensionen und durch Steigerung des Winddrucks zu lösen. Dabei zeigte sich jedoch, dass die an der Westwand befindliche Emporenorgel des 17. und 18. Jahrhunderts nicht in jedem Fall zu den hierzu nötigen Kraftanstrengungen in der Lage war. In großen Kirchen – wie dem Kölner Dom und in anderen Kathedralen – musste man nach akustisch günstigeren Stellen – oft in der Ostwand, vor den Seitenschiffen – suchen. Vielfach waren mehrere Orgeln nötig, um den Raum zu füllen – Instrumente, die sich nicht beliebig zusammenschalten und «zentralisieren» ließen. Bis heute gibt es für die Errichtung und Pflege von Orgeln in großen Sakralräumen keine Generalregel – die beste musikalische Lösung muss in jedem Raum individuell gefunden werden (Klais 56). Das wirkt sich auf den Orgelbau, auf die optische Erscheinung der Orgel aus.

Natürlich folgt die Entwicklung der Orgel nicht einfach einer autonomen baulichen oder musikalischen Logik. Mindestens ebenso wichtig ist die kirchliche Bestimmung des Instruments und seine Verwendung in der Liturgie, sind die zeitgenössischen Formen der Frömmigkeit, des Gebets und des Gesangs. «Allgemein lässt sich sagen», so der Orgelbauer Hans Gerd Klais, «dass die Funktion der Orgel im Sakralraum darin bestand und weiterhin besteht, der Liturgie zu dienen. Mehr und mehr verschob sich seit dem Mittelalter diese Funktion: Diente die Orgel zunächst vornehmlich zu feierlichen Einzügen, im Wechsel mit den Kathedral- und Mönchschören oder zu ihrer Begleitung, so wurde sie im Laufe der Jahrhunderte zum Begleitinstrument des Gemeindegesanges (ohne wiederum ihre Funktion als Begleitorgel klösterlicher Gemeinschaften und Kirchenkapitel zu verlieren). ... Ebensowenig darf außer Betracht bleiben, dass die Orgel im Sakralraum vor allem in den vergangenen Jahrzehnten (im wesentlichen nur durch den Zweiten Weltkrieg unterbrochen) zum Konzertinstrument geworden ist. Es ist inzwischen guter Brauch, nach der Einweihung einer neuen Kirchenorgel mit einer Konzertreihe zu beginnen» (Klais 56f.).

Die Orgel hat daher im 20. Jahrhundert und in der Gegenwart nicht mehr das einheitliche Gesicht, das die Emporenorgel des 17. und 18. Jahrhunderts bei aller Verschiedenheit und Vielfalt auszeichnete. Sie zeigt vielmehr ganz verschiedene Ausprägungen. Sie kann, wie etwa in St. Lamberti in Münster, moderne Formen übernehmen – und gleichwohl der Vergangenheit mit üppig barocken Zierleisten, sogenannten Schleierbrettern, huldigen. Oder sie kann sich als hängende Klangskulptur im Raum etablieren wie in St. Johannes, Niederlahnstein, wo sich am Zusammenfluss von Lahn und Rhein das Thema «Wellen und Fische» geradezu anbietet. Die künstlerische Gestaltung stammt von Frieder Haser.

Die Orgel kann aber auch – als Konzertorgel wie als Kirchenorgel – neue Akzente setzen und überraschende optische Experimente riskieren. Wann hätte man je der Orgel die Form einer Hand gegeben? Die Schöpfer der Orgel im Centre Notre Dame des Neiges in Alpe d'Huez (Isère, Frankreich), 1978 erbaut von Detlef Kleuker, Brackwede, wagten es. Zu solch extravaganten baulichen Aussagen braucht man freilich einen eigenen Gehäusearchitekten: Der Entwurf stammt von Jean Marol, Vichy, die Disposition der Orgel ist von Jean Guillou. Oder man betrachte die Orgel im Nidarosdom zu Trondheim (Norwegen), deren Neukomposition ein musikalisches Portal bildet.

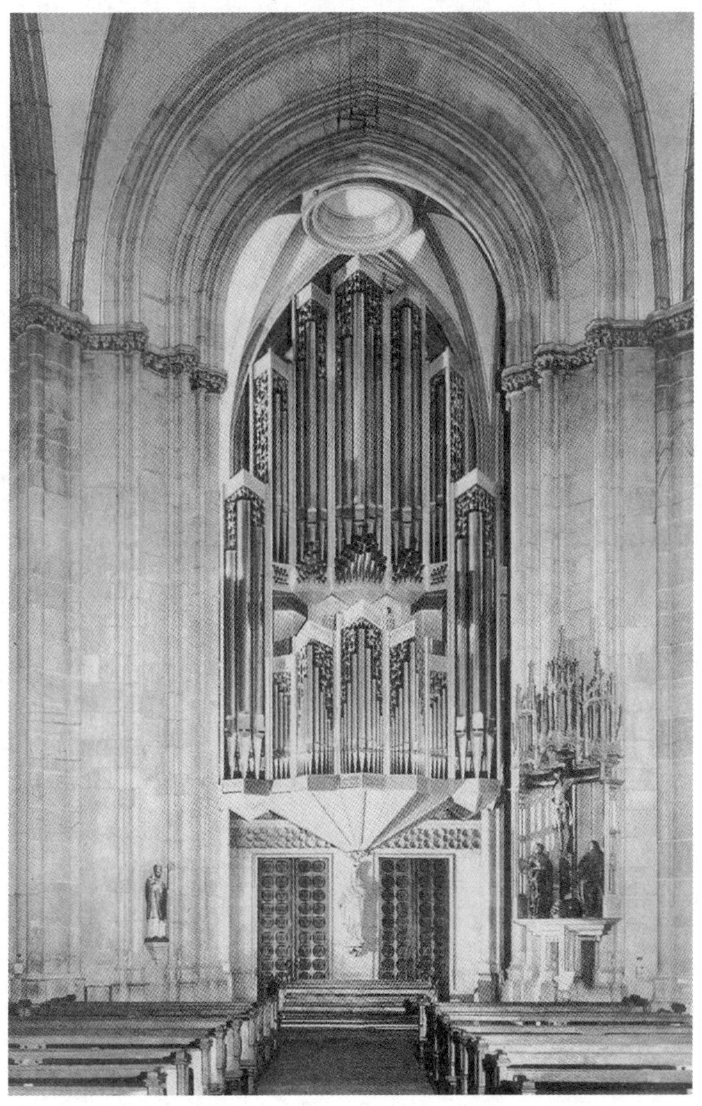

14 – St. Lamberti in Münster (Karl Schuke, Berlin, 1989)

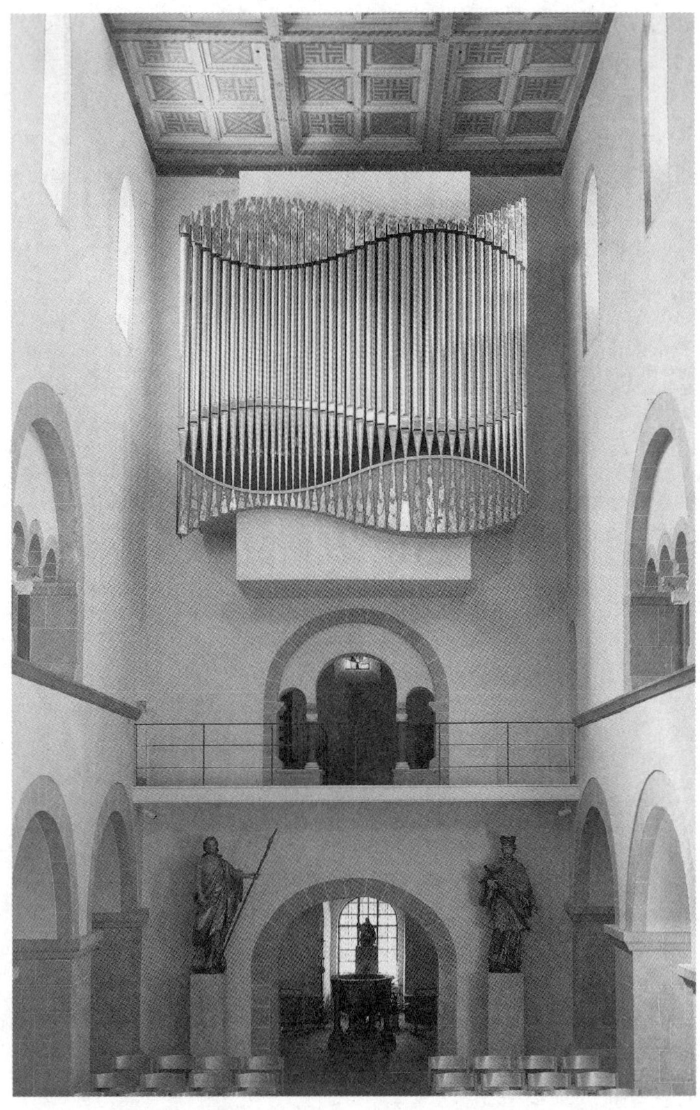

15 – Niederlahnstein, St. Johannes
(Claudius Winterhalter, Oberharmersbach, 2012)

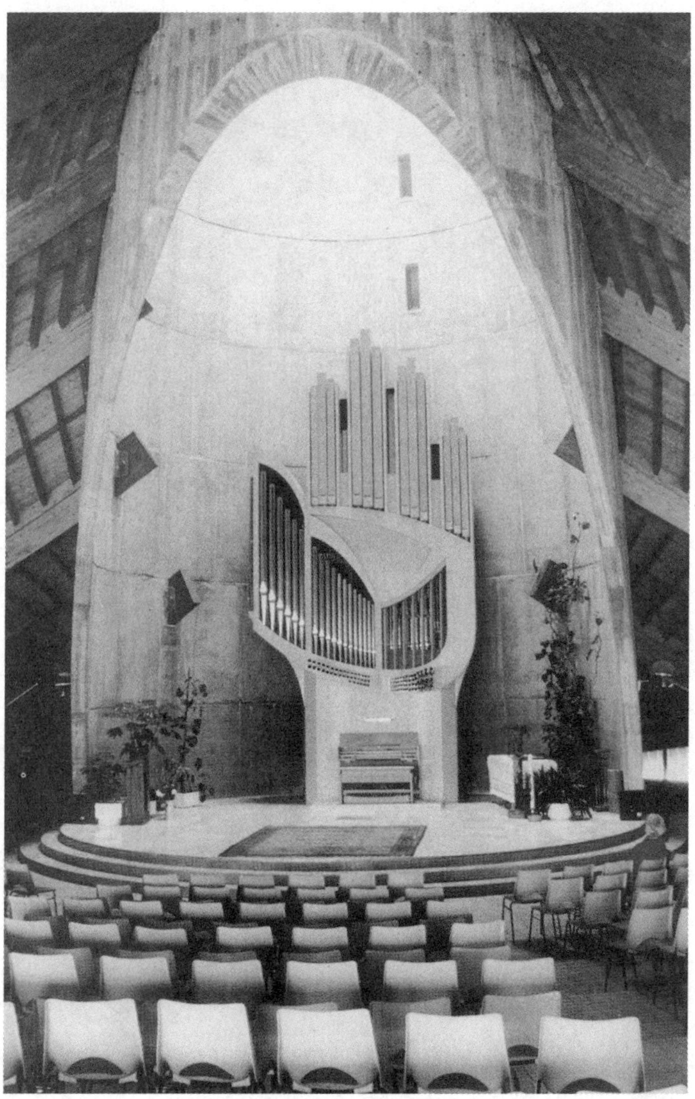

16 – Alpe d'Huez (Frankreich)
(Detlef Kleuker, Brackwede 1979)

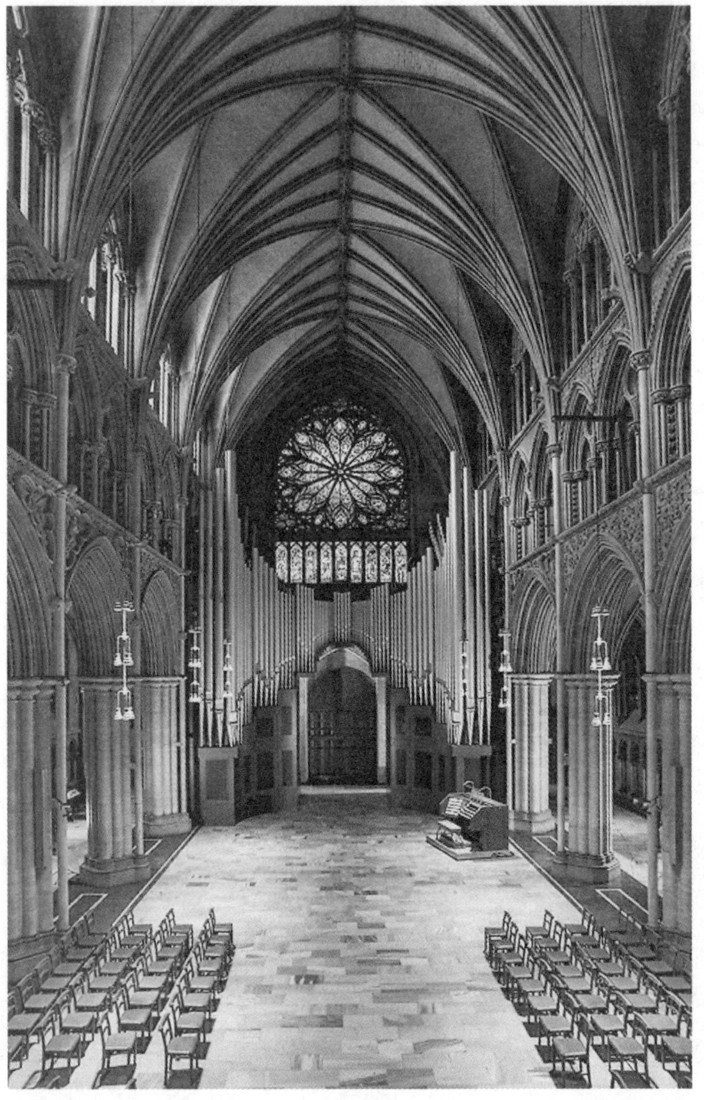

17 – Trondheim, Nidarosdom
(G. F. Steinmeyer, Oettingen, 1930; Kuhn Orgelbau, Männedorf bei Zürich, 2014)

V. Orgelmusik und Orgelkomponisten

Wann beginnt Orgelmusik? Von welchem Zeitpunkt an kann sie registriert, gesammelt, ediert werden? Die Antwort ist einfach: Sie beginnt in dem Augenblick, in dem die Orgel sich von den übrigen Tasteninstrumenten (Polychord, Cembalo, Clavichord) zu (unter)scheiden, sich von ihnen loszulösen beginnt. Das geschieht im späten 15. und im 16. Jahrhundert, als sich die einzelnen Instrumente verselbständigen und ihr eigenes Profil ausprägen. Aus dieser Zeit stammen auch die ältesten Sammlungen von Orgelmusik: das wohl in München im Schülerkreis von Conrad Paumann entstandene «Buxheimer Orgelbuch» (zwischen 1450 und 1470), Arnolt Schlicks «Tabulaturen etlicher lobgesang vun lidlein uff die orgeln vnd lauten» (1512) und die Tabulaturen von Fridolin Sicher, Hans Kotter, Hans Buchner. Auch Anleitungen zur Komposition von Orgelmusik gibt es zu dieser Zeit bereits: Die bekanntesten sind die vier «Fundamenta organisandi» Conrad Paumanns (1452), Sammlungen von Musterstücken zwei- und dreistimmiger Kompositionen über einen Cantus firmus. In Italien weist ein Titel wie «Toccata sopra i pedali» (frühes 16. Jahrhundert) auf den Beginn einer eigenständigen Orgelmusik hin, in Frankreich überliefert Pierre Atteignant (1530/31) in seinen Sammeldrucken auch Musik für die Orgel; ähnlich in Spanien die aus dem Nachlass Antonio de Cabezóns von seinem Sohn Hernando herausgegebenen «Tientos».

Vorher (zum Teil auch noch später) bildeten alle Tasteninstrumente zusammen einen musikalischen Verbund. Man konnte die für sie geschaffene Musik sowohl auf dem Cembalo als auch auf dem Clavichord oder der Orgel spielen. Alles war «Tastenmusik». Noch Johann Sebastian Bach ließ 1739 eine Sammlung seiner Orgelstücke unter dem Titel «Clavier-Übung. Dritter Theil» drucken.

Für die Trennung der Orgel von den Tasteninstrumenten gab es äußere (musikalische) und innere (liturgische) Gründe.

Musikalisch sehen die «Trennungsbedingungen» so aus: Orgel und andere Tasteninstrumente trennen sich in dem Augenblick, in dem in einer Komposition die Töne überlang werden – so lang, dass sie auf einem Cembalo, einem Clavichord nicht mehr wiedergegeben werden können, weil sie zu rasch verklingen würden. In diesem Fall musste man nach einem Instrument suchen, für das lange Töne – Dauertöne – kein Problem waren, ja das geradezu auf sie spezialisiert war. Ein solches Instrument war die Orgel.

Jeder Musikliebhaber kennt das Phänomen des Orgelpunkts. Ein Orgelpunkt ist am Cembalo nicht adäquat wiederzugeben. Die Taste müsste immer wieder neu angeschlagen, der Ton durch Triller und Mordente mühsam verlängert und festgehalten werden. Die Orgel dagegen meistert den Orgelpunkt spielend (daher ja auch der Name). Sie meistert ihn auch deshalb, weil sie sich dabei des Pedals – also einer eigenständigen Fuß-Tastatur – bedienen kann, über die Cembalo und Clavichord nicht verfügen.

Wäre demnach also die Scheidung der Orgel von den Tasteninstrumenten in der Zeit der monumentalen Orgelpunkte der Bach-Zeit anzusetzen? Nein, sie liegt schon früher. Schon in den ältesten Ricercaren, Bicinien, Choralvorspielen treten Verlangsamungen, nachhaltige Betonungen, Langzeitdauern hervor, die nach einem Instrument mit längerem Atem verlangen. Man muss die ganze ältere Literatur unter diesem Gesichtspunkt betrachten, muss fragen: Was passt auf das Cembalo, was hat dort seinen angemessenen Platz – und wo wird der Übergang zur Orgel sinnvoll und naheliegend, schließlich zwingend und unvermeidlich?

Ein *point of no return* ist natürlich das Auftreten von Kompositionen, die ausdrücklich ein Pedal vorsehen, die also auf drei (oder vier) Notensystemen notiert sind. Kompositionen für Manual *und* Pedal *können* nicht nur, sie *müssen* auf einer Orgel gespielt werden. Von diesem Augenblick an ist die Orgel ein eigenständiges, unaustauschbares Instrument, nicht mehr ein

Tasteninstrument neben anderen. Dieser Punkt ist in den Niederlanden und in Norddeutschland früher erreicht als in Süddeutschland, Italien oder England, wo das Pedal als integraler Bestandteil der Orgel noch lange auf sich warten lässt (teilweise bis zum 19. Jahrhundert).

Dem musikalischen Kriterium der Trennung von Orgel und Tasteninstrumenten tritt ein liturgisches zur Seite. Orgelmusik ist diejenige Musik, die eine liturgische Funktion hat, die in Kirchen und Gottesdiensten erklingt – und die von daher ihre musikalische Gestalt gewinnt. Diese Gestalt ist exklusiv; sie nimmt nicht alle musikalischen Formen in sich auf, lässt nicht alle Instrumente zu, schließt Tanz und Unterhaltung ausdrücklich aus. Sie orientiert sich an den überlieferten kirchlichen Gesängen, den komplizierten einstimmigen Linien des Chorals, denen Gehalt, Ernst und künstlerische Subtilität zu eigen ist – im Unterschied zur populären Musik, zu dem, was alle singen und spielen. Auch hier zielt die Kirchenmusik auf fromme Nachhaltigkeit, auf den typischen Orgelton mit seinen gemessenen Klängen, seinem Nachhall im Kirchenraum, seiner Feierlichkeit und Würde.

Gewiss ist das Gesagte cum grano salis zu nehmen. Der Übergang vom Tasteninstrument zur Orgel bedeutet keineswegs, dass nun plötzlich alle Kirchenmusik in würdevoller Langsamkeit einherschreitet. Das rasche Laufwerk, die Virtuosität, das Tänzerische und Festliche verschwindet nicht gänzlich aus der Orgelmusik: Man denke nur an Sweelinck, Scheidt, Frescobaldi, Couperin und Bach. Seit Sweelincks erzwungenem Auszug aus der Gottesdienst-Begleitung und dem Beginn seiner «weltlichen» Konzerte in Amsterdam, seit Buxtehudes Abendmusiken in Lübeck, seit Bachs Passionen in Leipzig (in denen manches den Zeitgenossen «opernhaft» erschien), seit den fröhlichen Noëls und den ausladenden Orgelsinfonien der Franzosen hat die Kirchenmusik im Allgemeinen und die Orgelmusik im Besonderen immer wieder vieles aus «profanen» Anstößen übernommen. Dennoch zeichnen sich im Lauf der Zeit spezifische Züge liturgischer Orgelmusik ab: die Gebundenheit an den «Choral», den alten gregorianischen wie den neuen, an das Kirchenlied anknüpfenden protestantischen Choral; der feierliche Charakter der Musik, die zum Eingang und Ausgang des Gottesdienstes erklingt; das gemessene Tempo bei der Begleitung des Gemeindegesangs (alle sollen mitsingen können!); die leisen Töne bei Opferung und Kommunion, lange Zeit auch bei der Wandlung (Elevationstoccaten und -ricercare) – im Ganzen eine liturgische Dämpfung des Ungestümen, Heftigen, Unberechenbaren der Orgel, ihre Indienstnahme für fromme Andacht und geistliche Stimmung.

Vielfältig sind die musikalischen Formen, die sich seit der «Emanzipation» der Orgel von den Tasteninstrumenten als typische Elemente der Orgelmusik entwickelt haben und denen wir heute im Gottesdienst (aber vielfach auch in Konzerten) begegnen. Ich nenne nur drei der bekanntesten: Toccaten, Ricercare, Choralbearbeitungen.

Die *Toccata* ist ein freies Spielstück ohne strenge Gliederung, mit improvisatorischem, die Möglichkeiten der Orgel erkundendem Charakter, oft virtuos gestaltet mit schnellen Läufen und geballten Akkordfolgen, manchmal mit wechselndem Takt – ohne Bindung an einen Cantus firmus, jedoch mit ausgeprägter, oft kontrastreicher Rhythmik und Harmonik sowie planvollem Wechsel zwischen vollstimmigen und geringstimmigen Passagen. Frühe Meister im 16./17. Jahrhundert sind der Niederländer Sweelinck (mit der Besonderheit von Echowirkungen), der Italiener Frescobaldi (mit arpeggierten Einleitungen, schnellen Läufen, feierlichen Kadenzen) und sein Schüler, der Deutsche Froberger (mit seinen 24 Toccaten von großer Wirkung auf ganze Generationen süddeutscher Organisten). Nach Venedig und Rom trat besonders der Wiener Kaiserhof als «Pflegestätte der Toccatenkomposition» (Friedrich Wilhelm Riedel) hervor.

Das *Ricercar* (von it. ricercare = suchen, ausprobieren) steht der Toccata nahe. Es ist ein – ursprünglich vom Lautenspiel angeregtes – intonierendes Vorspiel im imitatorischen Stil.

Breit, nahezu universal ist der Radius der *Choralbearbeitungen.* Neben Präludien, Fugen und Toccaten bilden sie den Hauptbestand der Orgelliteratur. Zunächst sind es Bearbeitungen gregorianischer Melodien, die im Repertoire der Orgelmusik einen festen Platz haben (Orgelmessen, Versetten, Magnificat-Vertonungen usw.). Dann entwickelt sich das Genre der vom evangelischen Kirchenlied ausgehenden Choralvorspiele, seit dem 16. Jahrhundert mächtig anwachsend und schließlich alle Choralbearbeitungen dominierend. Früh gepflegte Ausweitungen sind Choralvariationen, Choralpartiten und Choralfantasien.

Im Lauf der Zeit ist für die Orgel ein großes Repertoire von Werken entstanden – geschaffen nicht nur von Komponisten, die jeder kennt, sondern auch von weniger bekannten Meistern. Manches ist noch nicht ediert, manches noch kaum entdeckt; vor allem in Spanien und Portugal, aber auch in Osteuropa vermuten die Kenner noch ungehobene Schätze. Der improvisatorische Grundzug des Orgelspiels verhinderte lange Zeit, dass alles gedruckt wurde, was an Musik von den Orgelemporen erklang. Oft wurden Kompositionen – wenn überhaupt – nur handschriftlich weitergegeben; manchmal kam die geplante Drucklegung für den improvisierenden Organisten zu spät. So wissen wir von den viel bewunderten Improvisationen Anton Bruckners in Österreich und Frankreich nur aus Berichten begeisterter Zeitgenossen – im Druck festgehalten wurden die Improvisationen nicht (und die wenigen gedruckten Orgelkompositionen Bruckners geben kaum einen Eindruck von seiner Improvisationskunst).

Aber auch das Gedruckte, schon Bekannte, immer wieder Gespielte ist eindrucksvoll genug. Klassische und moderne Orgelliteratur wird seit langem umfassend ediert und liegt heute in einem Umfang vor wie nie zuvor. In jüngster Zeit hat man begonnen, sie zu analysieren, zu systematisieren, zu kommentieren. Hier sind – neben vielen Monographien, neben der nach wie vor unentbehrlichen «Geschichte der Orgel- und Klaviermusik bis 1700» von Willi Apel (1967) und neben den Übersichten in den Fachzeitschriften «Ars Organi», «Organ» und «Musica sacra» – aus jüngerer Zeit vor allem drei Werke zu nennen, in denen Leser sich im Einzelnen über dieses riesige Feld orientieren können: das «Handbuch der Orgelliteratur» von Heinz Lohmann (1975), das «Repertorium Orgelmusik 1150–1998» von Klaus Beckmann (2001) und das «Handbuch Orgelmusik. Komponisten, Werke, Interpretation», herausgegeben von Rudolf Faber und Philip Hartmann (2002).

Lohmanns Handbuch enthält ein Editionsverzeichnis der Werke für Orgel solo und für gemischte Besetzungen, ein Verzeichnis der Bearbeitungen deutscher und ausländischer Choräle und ein alphabetisches Verzeichnis sämtlicher Textanfänge von Chorälen aus dem deutschsprachigen und englischsprachigen, dem holländischen, französischen, dänischen, schwedischen, finnischen und norwegischen Bereich. Dazu kommen ausgewählte Textanfänge «lateinischer Kirchenlieder»; unter diesem Titel sind – historisch nicht ganz stimmig – auch Teile des Mess-Ordinariums (Credo, Benedictus, Agnus Dei) untergebracht. Umfassende, nahezu lückenlose Informationen über die Orgelliteratur und ihre Werke bietet Klaus Beckmanns «Repertorium Orgelmusik», das auf ca. 1000 Seiten 41 Länder und über 8700 Komponistinnen und Komponisten in der Zeit von 1150 bis 1998 erfasst – ergänzt durch einen 2001 erschienenen zweiten Teil, der die Werke für Orgel mit anderen Instrumenten enthält. – Das von Rudolf Faber und Philip Hartmann herausgegebene «Handbuch Orgelmusik» ist als Nachschlagewerk und Lesebuch angelegt; es ist historisch und geographisch gegliedert. Zu den Mitarbeitern gehören führende Organisten und Orgelfachleute vorwiegend deutscher Herkunft. Aus den Einleitungen, die den Länderartikeln vorausgestellt sind, ergibt sich eine Geschichte der Orgelmusik in Europa und den USA in nuce – in skizzenhafter Form zwar, jedoch den aktuellen Stand der Forschung widerspiegelnd. Über 1500 Werkporträts bieten Informationen über Entstehung, Aufbau und Ästhetik eines Stücks.

Wie kann man diese Fülle für Leser unseres kleinen einführenden Buches knapp zusammenfassen? Wie orientiert man Musikliebhaber, denen in den Programmen der Orgelkonzerte, Radiosendungen, Videoaufnahmen unzählige bekannte – und noch viel mehr unbekannte – Namen begegnen? Wie vermittelt man etwas vom Rang und Gewicht der Komponisten? Ich versuche es mit einer Einteilung in vier Kategorien. An erster Stelle führe ich Komponisten auf, die *auch* für die Orgel geschrieben haben, in deren Werk jedoch die Orgel keine zentrale Stellung einnimmt (a). Ihnen stehen Komponisten gegenüber, die *nur* (oder fast nur) für Orgel geschrieben haben – eine stattliche Zahl (b). Es folgen jene Komponisten, ohne die es keine große, bedeutende Orgelmusik gäbe, die für Orgel komponiert, Kompositionen angeregt, Einfluss ausgeübt, Schulen gebildet haben – ein kleiner, wichtiger Kreis (c). Und am Ende stehen zwei Komponisten, in deren Werk die Orgel eine zentrale Rolle spielt und die Orgelmusik epochalen Charakter gewinnt: Johann Sebastian Bach und Olivier Messiaen (d).

a) Natürlich trifft man in der Orgelmusik viele große Namen der Musikgeschichte an. Um nur einige zu nennen, in deren Werk die Orgel vorkommt: Vivaldi, Händel, Haydn, Mozart, Beethoven, Schubert, Schumann, Brahms, Dvořak. Aber spielt sie bei diesen Komponisten eine zentrale, das ganze musikalische Schaffen mitbestimmende Rolle? Bei genauerem Zusehen kommt man zu dem Schluss: wohl eher nicht.

Antonio Vivaldi (1678–1741) schrieb Opern und Konzerte, darunter auch Doppelkonzerte für Violine und Orgel. Auch zwei Stücke für Orgel solo sind von ihm überliefert. Johann Sebastian Bach schätzte ihn hoch – und im Gedächtnis der Organisten lebt er vor allem durch die Bachschen Bearbeitungen seiner Konzerte für Orgel («Bach-Vivaldi») fort.

Die zwölf Konzerte für Orgel und Orchester op. 4 und op. 7 von Georg Friedrich Händel (1685–1759) gehören zweifellos zu den geistvollsten Schöpfungen der Orgelliteratur. Bis heute gibt es keine ähnlich populären, öfter gespielten Konzerte für Orgel und Orchester. Zeitgenossen sprachen von der «mutigen Sicherheit» dieser Musik, die aus dem Geist spontaner Improvisation erwuchs: Händel hat nach zeitgenössischen Berichten gelegentlich in den Pausen der Aufführung seiner großen Oratorien Orgel gespielt, zum eigenen Zeitvertreib und zum Vergnügen der Hörer – musikalische Brosamen vom Tisch des Reichen. Freilich sind alle Orgelwerke Händels für ein pedalloses, einmanualiges Positiv entworfen. Sie können alternativ auch auf der

Harfe gespielt werden – noch besser auf dem Cembalo, da bei Händel die Grenzen zwischen den Tasteninstrumenten noch fließend sind.

Joseph Haydn (1732–1809) und Wolfgang Amadeus Mozart (1756–1791) schrieben Stücke für Flötenuhren, für Orgelwalzen – durch die Mechanik bedingt meist von kürzerer Dauer, manchmal nur auf der Walze selbst überliefert, nicht im Druck. Diese entzückenden, kleinen Kompositionen haben längst wieder Eingang in heutige Orgeldarbietungen gefunden. Leider hat Mozart – ein erklärter Freund der Orgel – nicht viele größere Stücke für dieses Instrument geschrieben; vieles, was an Orgelkompositionen unter seinem Namen dargeboten wird, sind Bearbeitungen anderer Werke seiner Hand. Immerhin muss man an die Orgelsolomesse KV 259 erinnern, an die Fantasie in f-Moll für eine Orgelwalze KV 608, die von seiner Auseinandersetzung mit Johann Sebastian Bachs Musik zeugt, und an das Andante «für eine Walze in eine kleine Orgel» KV 616 – ein zauberhaftes Rondo, vielleicht die Krönung aller mechanisch angetriebenen Orgelstücke der Literatur. Auch Ludwig van Beethoven (1770–1827), der mehrere Organisten zu Lehrern hatte, schrieb Stücke für Flötenuhr und für Orgel; doch auch bei ihm – und ähnlich auch bei Franz Schubert (1797–1828) – bleibt die Orgel in seinem Gesamtwerk am Rand, rückt nicht in die Mitte seiner Kunst.

Auch Robert Schumann (1810–1856), der die «Allgewalt» der Orgel rühmt und sie jungen Musikern in seinen «Musikalischen Haus- und Lebensregeln» zum Studium empfiehlt, hat Werke für Orgel geschrieben – genauer muss man sagen: für Klavier und Pedalflügel. Ein Pedal zu ihrem Flügel mieteten sich die Schumanns in ihrer Dresdner Zeit, um die ältere Orgelmusik in häuslicher Umgebung spielen zu können. Unmittelbar auf die Orgel und ihren Klang zielte Johannes Brahms (1833–1897) mit seinen Choralvorspielen, Präludien und Fugen. Der leise und innige Ton vor allem der Choralvorspiele bezaubert auch heutige Organisten, so dass sein Werk vielfach neu entdeckt und eingespielt wurde. Doch stand für Brahms die Orgelmusik in seinem Schaffen offensichtlich nicht an wichtiger Stelle. Keines seiner

Orgelwerke hat er mit einer Opuszahl versehen. Auch bei Antonin Dvořak (1841–1904) taucht nur im Frühwerk ein Präludium und eine Fughetta D-Dur für Orgel auf – es handelt sich um die Abschlussarbeit des Achtzehnjährigen an der Prager Organistenschule, der später kein Werk für die Orgel mehr folgte.

Nebenbei: Die großen Opern- und Ballettkomponisten des 18. bis 20. Jahrhunderts – Gluck, Rossini, Meyerbeer, Verdi, Wagner, Tschaikowski, Mussorgski, Debussy, Richard Strauss – haben für die Orgel nur wenig geschrieben. Über die Gründe darf man spekulieren. Lagen Oper und Orgel, Theater und Kirche zu weit auseinander? Spielten persönliche Gründe eine Rolle (Verdi, Debussy, Strauss waren keine Kirchenfreunde!)? Immerhin hat Meyerbeer für eines der größten Orgelwerke Franz Liszts «Ad nos, ad salutarem undam» die musikalische «Steilvorlage» geliefert: der zugrundeliegende «Choral der Wiedertäufer» stammt aus Meyerbeers Oper «Der Prophet». Verdi hat, erstaunlich genug, den wohl längsten Orgelpunkt der Operngeschichte geschrieben (211 Takte!), mit dem die Orgel in der Oper «Otelo» (1887) das Brausen des einleitenden Seesturms untermalt. Und Richard Strauss hat wenigstens ein festliches Präludium für Orgel und Orchester und «für seinen lieben Sohn Franz» 1924 ein Hochzeitspräludium komponiert. Und natürlich begegnet die Orgel als klangliches Bollwerk und Tonverstärker auch in seiner sinfonischen Dichtung «Also sprach Zarathustra».

b) Neben den Großen und Bekannten werden aufmerksame Hörer in Orgelkonzerten auch auf unzählige «Unbekannte» stoßen. Sie bilden den höchst umfangreichen *autochthonen* Bereich der Orgelliteratur. Bei kaum einem anderen Instrument findet man so viele und so wichtige Namen, die heute fast nur noch Spezialisten bekannt sind. Der Grund: Aus ihrer weit zurückreichenden Vergangenheit nahm die Orgel viele Meister, die sonst vergessen wären, in die Gegenwart mit. Speziell als Orgelkomponisten, nicht so sehr als Meister anderer Gattungen, sind sie lebendig geblieben. Organisten, die mit der Orgel aufwuchsen, konzentrierten sich, wenn sie sich der Komposition zuwandten, oft auf die Orgelmusik. Viele von ihnen kennen wir daher einzig aus dieser Literatur, sie sind außerhalb des Orgelrepertoires kaum bekannt. Notabene: Dass sie «nur» für die Orgel komponierten, heißt keineswegs, dass sie unbedeutend sind, ganz im Gegenteil.

Ich zähle einige wenige dieser «Autochthonen» auf (man müsste Hunderte nennen!): die Spanier Antonio de Cabezón (1510–1566) und Juan Cabanilles (1644–1712); die Italiener Adriano Banchieri (1568–1634) und Domenico Zipoli (1688–1726); die Franzosen Jean Titelouze (1563–1633), André Raison (1640–1719), Nicolas de Grigny (1672–1703), Pierre du Mage (1674–1751); die Deutschen Paul Hofhaimer (1459–1537), Conrad Paumann (vor 1415–1473), Arnolt Schlick (vor 1460–1521), Fridolin Sicher (1490–1546), Hans Buchner (1483–1538), Hans Kotter (1480–1541).

Das sind Namen der Vergangenheit. Aber auch in späterer Zeit und bis hin zur Gegenwart gibt es Komponisten, die zeitlebens vor allem für die Orgel komponiert haben, die allein (oder vorwiegend) als Orgelkomponisten im Gedächtnis geblieben sind, deren Werke meist in Kirchen aufgeführt werden. Aus Frankreich nenne ich Charles-Marie Widor (1844–1937), Léon Boëllmann (1862–1897), Marcel Dupré (1886–1971), Jean Langlais (1907–1991), Jehan Alain (1911–1940) und Jeanne Demessieux (1921–1968); aus Deutschland Julius Reubke (1834–1858), Heinrich Kaminski (1886–1946), Ernst Pepping (1901–1981), Joseph Ahrens (1904–1997), Hermann Schröder (1904–1984). Und das sind nur einige der Bekanntesten unter den Unbekannten. Die reale Zahl der «Autochthonen» ist viel größer. Nur noch Lexika und Handbücher, Zeitschriften und das Internet können die einschlägige Fülle der Namen bändigen – keineswegs mehr die üblichen Konzertführer. Daher sei nochmals auf die eingangs dieses Kapitels genannten Werke von Apel, Lohmann, Beckmann, Faber/Hartmann und auf die einschlägigen Zeitschriften hingewiesen.

c) Wir wenden uns jetzt jenen Komponisten zu, die nicht nur für die Orgel komponiert, sondern ihr wichtige Impulse zur Ent-

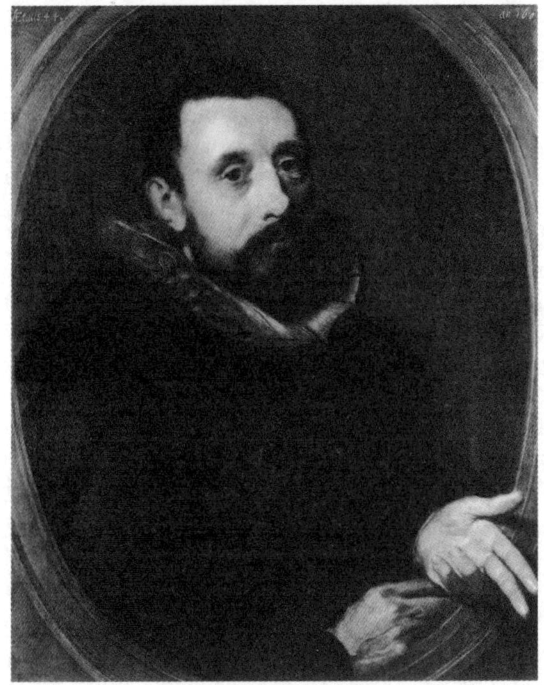

18 – Jan Pieterszoon Sweelinck
(Porträt von seinem Bruder Gerrit)

wicklung und Entfaltung gegeben haben. Ihre Namen stehen in den Orgelmusikführern und bilden das Rückgrat heutiger Orgelkonzert-Programme in Kirchen und Konzertsälen. Unter den vielen Namen ist freilich eine Auswahl nötig. Ich gehe chronologisch vor und durchstreife – Faber/Hartmann folgend – nacheinander den Norden und Süden der europäischen Orgelgeographie.

Zwei «Gründerfiguren» stehen am Anfang des späten 16. und des 17. Jahrhunderts – der Zeit, in der die Orgel sich endgültig von Cembalo und Clavichord loslöst, ein eigenes Instrument mit eigenem Stil wird und zu solistischer Entfaltung drängt: im Norden der Niederländer Jan Pieterszoon Sweelinck

(1562–1621), im Süden der Italiener Girolamo Frescobaldi (1583–1643).

Sweelincks Werke für Tasteninstrumente bezeichnen einen Neuanfang. Die verschiedenen europäischen Klavierstile seiner Zeit verarbeitend, gelingt es ihm, seinen zwei-, drei- und vierstimmigen Stücken, auch den weit ausgedehnten, durch ein Hauptthema eine einheitliche Struktur zu geben. Damit gehen seine Toccaten, Variationen und Echofantasien über den bis dahin vorherrschenden Improvisationsstil hinaus und begründen eine Schule strenger Polyphonie. Sweelinck ist der größte «Orgelsystematiker» vor Johann Sebastian Bach; er wirkt weit über Amsterdam hinaus auf Organisten und Orgelmusik in den Niederlanden und in Norddeutschland ein. Außer ihm hat keine Figur der Orgelgeschichte den Ehrennamen des «Organistenmachers» erhalten.

Von Sweelinck, der schon zu Lebzeiten viele Schüler hatte, führt eine Linie zur «Norddeutschen Schule», zu Namen wie Jacob Praetorius, Samuel Scheidt, Heinrich Scheidemann, Franz Tunder (später zu Dietrich Buxtehude, Vincent Lübeck, Nicolaus Bruhns). Hier, im Norden, wurden früh die größten Orgeln erbaut, Werke mit bis zu vier eigenständigen, oft auf Echowirkungen bedachten Manualen, mit zahlreichen Registern (50 und mehr!), mit einem Pedal von erheblicher Reichweite, das nicht mehr an das Manual «angehängt», sondern eigenständig war und eine eigene Registerbesetzung (darunter Zungenstimmen!) aufwies (Musch 223). Hier entwickelte sich, aus den Niederlanden kommend, das sogenannte «deutsche Pedal» mit zusammenhängenden, längeren rechteckigen und flachen Holztasten (im Süden blieb es noch lange bei den nebeneinander stehenden Holzklötzchen, die nur mit der Fußspitze anzutippen waren!) Nicht zuletzt wegen dieser Orgeln, ihrer Organisten und der mit ihnen verbundenen Konzertaufführungen wird später der junge Bach von Lüneburg nach Hamburg und von Arnstadt nach Lübeck pilgern. Mitteldeutschland hatte in seiner Zeit noch keine vergleichbaren Instrumente.

Der größte deutsche Orgelmeister vor Bach war Dietrich Buxtehude (1637–1707). In seinem umfangreichen Instrumen-

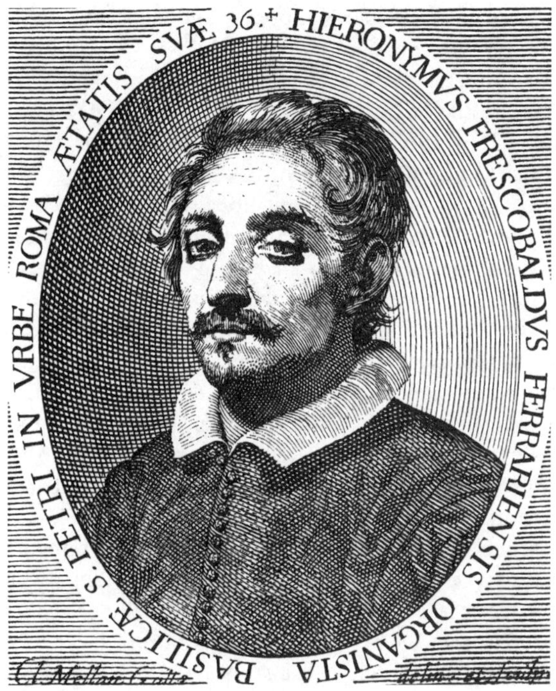

19 – Girolamo Frescobaldi (Kupferstich von C. Mellan)

talwerk dominiert die Orgel mit 89 Werken eindeutig gegenüber dem Cembalo. Choralgebundene und freie Werke halten sich die Waage – die letzteren weit ausgreifende, kühne, kontrastreiche Stücke mit Pedalsoli, toccatenartigen Passagen, mehrfachen Fugen und Fugatos, mit Echowirkungen, die an vielen Stellen einen Zug ins Ungebundene, «Phantastische» haben. Buxtehudes Lübecker Orgeln, die Hauptorgel und die Totentanz-Orgel in St. Marien, hatten reich besetzte Pedalwerke. So spielt in seinem Werk das eigenständige Pedal und die ostinate Wiederholung eine besondere Rolle. Gleichwohl sind gegenüber den großen «ungebundenen» Präludien und Toccaten auch die kürzeren und strengeren Choralvorspiele von besonderem Reiz.

Es sind Meisterstücke der Knappheit und Verdichtung, Kompositionen von lyrischer Expressivität.

Girolamo Frescobaldi ist der «erste italienische Großmeister der Orgel» (Viktor Lukas). Mit seinen Toccaten, Capricci und Canzonen, vor allem aber mit seinen «Fiori musicali», einem Kunstbuch, in dem die Orgelmusik-Gattungen der Zeit vereinigt sind (1635), wirkte er weit über seinen römischen Tätigkeitsort hinaus. In seinen Kompositionen dominiert die melodische Linie, «die jedoch von einem durch Chromatik und Dissonanzen belebten, affektreichen harmonischen Satz getragen wird» (A. Machabey). Der Einfluss Frescobaldis ist in ganz Europa zu spüren, besonders aber in Deutschland, wo sein Schüler Johann Jacob Froberger (1616–1667) seine Kunst verbreitet und weitergibt. Von hier führen die Linien zu süddeutschen Meistern wie Johann Kaspar Kerll (1627–1693), Georg Muffat (1653–1704), Franz Xaver Murschhauser (1663–1738) und Johann Caspar Ferdinand Fischer (1656–1746).

Mit dem Norden, Westen und Süden kann Mitteldeutschland in der Zeit vor Johann Sebastian Bach noch nicht wetteifern. Ein einziger Name ist jedoch bis heute lebendig geblieben (auch durch den immer wieder gespielten «Canon in D»): Johann Pachelbel (1653–1706), Organist der Sebalduskirche in Nürnberg und wichtigster Repräsentant der Nürnberger Orgeltradition. Sein Werk umfasst Präludien und Fugen (allein 90 Magnificat-Fugen!), Toccaten und Variationswerke und etwa 50 Choralbearbeitungen, darunter Bicinien, drei- und vierstimmige Bearbeitungen – am bekanntesten das anmutig zwitschernde «Vom Himmel hoch, da komm ich her» mit dem im Pedal gespielten Cantus firmus und der kanonisch geführten Mittel- und Oberstimme. Pachelbel, der längere Zeit auch in Erfurt wirkte, stand in freundschaftlichen Beziehungen zur Bach-Familie; ein Echo seiner Kunst findet sich im Frühwerk Johann Sebastian Bachs.

Aus der reichen französischen Orgelkultur seien (außer den schon erwähnten «Autochthonen») nur zwei Namen genannt, die zu den Klassikern der Orgelmusik gehören: François Couperin (1668–1733), auch «le Grand» genannt, das Haupt einer weitverzweigten französischen Musikerfamilie – und César

Franck (1822–1890), Organist und Komponist wallonischer Herkunft, seit 1835 in Paris ansässig, seit 1870 Wahlfranzose, Begründer des symphonischen Orgelstils und der wohl bedeutendste Orgelkomponist des 19. Jahrhunderts überhaupt.

Die beiden Orgelmessen, die François Couperin im jugendlichen Alter von 22 Jahren geschrieben hat (seit 1685 war er Organist von Saint-Gervais in Paris), bilden den späten Höhepunkt der im katholischen Europa seit Beginn der Orgelmusik gebräuchlichen Alternatim-Messen. Die größere und schwerere ist für die Pfarrkirchen und für Hochfeste, die kleinere und leichtere für Männer- oder Frauenklöster bestimmt. Die einzelnen Stücke sind dem Mess-Ordinarium zugeordnet, wobei das Credo getreu der Vorschrift im «Caeremoniale Episcoporum» von 1600 ausgespart ist (vollständig vorhanden sind Kyrie, Gloria, Offertorium, Sanctus, Benedictus, Agnus Dei). Überschriften wie «Et in Terra pax» oder «Deo gratias» offenbaren deutlich den auf den Zelebranten, den Chor, die Liturgie antwortenden Charakter dieser Musik, die ganz selbstverständlich in ihren Cantus firmi die einschlägigen Choralmelodien und Kirchentonarten der Gregorianik zitiert. Ausgiebig alterniert der Meister in beiden Messen zum Gesang des Kyrie und des Gloria, kürzer zum Sanctus und zum Agnus Dei. Die Messe für die Klöster enthält ein zartes Elevationsstück (Tierce en taille). Das «Offertoire sur les Grands jeux» der Pfarrkirchen-Messe, das alle vier Klaviere der großen Orgel einbezieht, weitet sich zu einem dreigliedrigen Charakterstück aus, das nach feierlichem Eingang in C-Dur und elegischem Zwischenspiel in c-Moll in die kanonischen Dialoge und die C-Dur-Jubelrufe des Schlussteils mündet. Couperins Offertorium bildet bis heute das «Flaggschiff» der altfranzösischen Orgelmusik.

Im Übrigen lässt der von Debussy, Ravel und Richard Strauss hochgeschätzte Altmeister im sorgfältig beachteten liturgischen Rahmen seiner Orgelmessen alle Künste spielen: wiegende Tanzrhythmen, weite Melodiebögen, Fugen und Fugatos, Dur-Moll-Wechsel, Klageweisen und Pastoraltöne, reich entfaltete Ornamentik; eine Musik von durchdringender Klarheit und Eleganz. Mit Recht hat man die Anmut und Heiterkeit dieser

Kunst mit den aus einem verwandten Geist erwachsenen Kirchensonaten Mozarts verglichen (Viktor Lukas).

Der Belgier César Franck wurde in einer Zeit geboren, die dem Orgelspiel weniger günstig war. Er sollte zunächst Pianist werden, wechselte aber 1851 als Organist an eine Pariser Kirche, wo ihm eine zweimanualige Cavaillé-Coll-Orgel als sein «Orchester» (so sein eigener Ausspruch) zur Verfügung stand. Zwei Jahre später wurde er an die neue Orgel von Sainte-Clotilde berufen, die gleichfalls von dem Orgelbauer Cavaillé-Coll stammte, mit dem er Freundschaft schloss. Die zwölf Orgelwerke, die Franck nach 1851 komponiert oder überarbeitet hat, sind ein Stück absoluter Musik, sie sind ohne Bach, aber vor allem ohne die Wiener Klassiker nicht zu denken: «Six Pièces» (1856–1864), «Trois Pièces» (1878) und «Trois Chorals» (1890). Aber der Meister verbindet, wie sein Bewunderer Romain Rolland gesagt hat, «mit der geistigen Welt eines Johann Sebastian Bach eine völlig moderne Zartheit der Empfindung».

Indem Franck die Satztechnik des strengen Stils beherrscht, zugleich aber die Orgel dem symphonischen Ausdruck und der farbigen Harmonik der Zeit öffnet, wirkt er nicht nur weit in die Zukunft, ins 20. Jahrhundert, hinein. Er hat der französischen Orgelkunst auch den Rückzug in ein kirchenmusikalisches Ghetto erspart (wie es die Orgelbewegung in den deutschsprachigen Ländern durch ihr Beharren auf dem ererbten «Orgel-Eigenen» im 20. Jahrhundert riskierte). Von Franck führt eine ununterbrochene Linie der Modernität über die nachfolgenden «Symphoniker» Alexandre Guilmant, Charles-Marie Widor, Louis Vierne, Charles Tournemire und Marcel Dupré zu dem «Avantgardisten» Olivier Messiaen. Auf diese Weise blieb die Orgelkunst in Frankreich stets in Verbindung mit der allgemeinen Entwicklung der Musik.

In Deutschland war die liturgisch gebundene Kirchenmusik im 19. Jahrhundert durch den Siegeszug des modernen Orchesters und der absoluten Musik in die Defensive geraten. Die Flucht in die Empfindsamkeit oder in den Naturalismus (wie bei Abbé Voglers «Belagerung von Jericho», einem riesigen bei vollem Werk mit beiden Armen gespielten Cluster!) glich den Verlust der alten Cantus firmus-Bindung und das Verschwinden des Werkprinzips nicht aus. Auch Voglers «Simplifikationssystem» hatte sich als eine Sackgasse erwiesen. Musste sich die Orgel, um mit dem Orchester Schritt zu halten, von ihrer Verbindung mit Kirche und Liturgie trennen und eigene, noch unbegangene Wege suchen?

In dieser Lage gab Felix Mendelssohn-Bartholdy (1809–1847) als international anerkannter Komponist dem angefochtenen Instrument durch seine drei Präludien und Fugen (1833–1837), seine sechs Sonaten (1844/45) und eine Anzahl anderer Werke das verlorene Renommée zurück. Dass dies in Auseinandersetzung mit dem Erbe Bachs geschah, das in Leipzig und Berlin, den Wirkungsstätten Mendelssohns, seine Spuren hinterlassen hatte, war von programmatischer Bedeutung. Wie der junge Mendelssohn mit der Wiederaufführung der Matthäuspassion 1829 der neuen Aneignung des Bachschen Vokalwerks die Bahn gebrochen hatte, so brachte er mit seinen Orgelwerken – obwohl sie Konzertmusik, nicht Kirchenmusik sind – das instrumentale Werk Bachs wieder ins Gedächtnis der Zeit (und ins Bewusstsein der Komponisten!) zurück. Eine Brücke zwischen der vergangenen Barockkunst und der Gegenwart bildete das expressive Element in Bachs Kunst, das man mit einem schon zu seiner Zeit gebräuchlichen Wort als «musica poetica» (schöpferische, wortauslegende Musik) bezeichnete. Sie war den frühen Romantikern besonders wichtig. Robert Schumann geriet ins Schwärmen, als ihm Mendelssohn Bachs «Schmücke dich, o liebe Seele» auf der Orgel vorspielte: Er sah «vergoldete Blättergewinde» um den Cantus firmus hängen und «eine Seligkeit ... darein gegossen», die sogar, falls es nötig sei, den verlorenen Glauben zurückbringen könne.

Auch im Werk Franz Liszts (1811–1886), des zweiten bedeutenden deutschen Orgelkomponisten dieses Jahrhunderts, spielt die Gestalt Johann Sebastian Bachs eine Rolle. Sein zweites großes Orgelwerk – nach der Fantasie und Fuge über den Choral «Ad nos, ad salutarem undam» (1850) und vor den Variationen über den Basso continuo «Weinen, Klagen, Sorgen, Zagen» (1863) – ist ein Präludium und eine Fuge über B-A-C-H

(1855/56). Liszts bekanntestes, bis heute meistgespieltes Orgelwerk wurde für die Einweihung der von Friedrich Ladegast erbauten Merseburger Domorgel, der zu seiner Zeit größten Orgel Deutschlands, geschrieben. Es ist klavieristisch empfunden, abwechslungs- und kontrastreich, ausladend und virtuos. Bachs Name erhält in dieser Musik eine universelle Dimension – das Thema taucht auch in der Fassung GES-F-AS-G auf.

Sind Liszts Orgelwerke durchweg freie Fantasien ohne liturgische Bindung, so nähert sich der dritte «Große» der neueren deutschen Orgelmusik, Max Reger (1873–1916), wieder stärker geistlichen Überlieferungen und Formen an. Der katholische Lehrersohn aus der Oberpfalz entdeckt den evangelischen Choral für sich neu, bewundert seinen Reichtum und rückt ihn in den Mittelpunkt seines ausgedehnten Werkes. Hand in Hand damit geht eine aus theoretischer Schulung und genauer Kenntnis der Klassiker erwachsene handwerkliche und satztechnische Meisterschaft, mit der Reger unter den um 1900 hervortretenden «Modernen» einzig dasteht. Mit Reger meldet sich in der Nach-Wagner-Zeit ein Komponist zu Wort, der herausfordernd «alte Musik» schreibt, Präludien, Fugen, Passacaglien, Motetten, Variationen, Choralvorspiele, sie aber zugleich mit der kühnsten, dissonanzenreichsten Harmonik und Polyphonie der Zeit füllt – zeitweise in Übereinstimmung mit Arnold Schönberg und seinen Schülern. Indem er klassischen Formen (und der Form überhaupt!) ein neues Recht erkämpft, sieht sich der streitbare Mann gegenüber der «homöopathischen Wagnerei» der Zeit an der Spitze des Fortschritts: «Wir reiten unentwegt nach links!»

Regers Choralbearbeitungen beginnen mit der Fantasie über den Choral «Ein feste Burg ist unser Gott» (1898). Es folgen zahlreiche weitere Fantasien über Choräle, u. a.: «Freu dich sehr, o meine Seele» (1898), «Wie schön leucht uns der Morgenstern» (1899), «Wachet auf, ruft uns die Stimme» (1900). Daneben hat Reger 52 leicht ausführbare Vorspiele zu den gebräuchlichsten evangelischen Chorälen geschrieben (1903), ursprünglich für Lehrerorganisten gedacht, geeignet für normale Spieler, die den gewaltigen, oft zerrissenen Ton-Monumenten der großen Fantasien kaum gewachsen sind. Reger wurde der meistgespielte Orgelkomponist seit Bach. Auch er hat dem großen Vorbild gehuldigt mit einer Fantasie und Fuge über B-A-C-H (1900).

Auch im Werk des vierten bedeutenden (erst seit wenigen Jahren wiederentdeckten) deutschen Orgelkomponisten an der Wende vom 19. zum 20. Jahrhundert, Sigfrid Karg-Elert (1877–1933), spielen Choralbearbeitungen eine wichtige Rolle. Das Spektrum reicht von Stücken für den Konzertorganisten bis zu einfachen Vorspielen für Praktiker im gottesdienstlichen Alltag. Die 66 Choral-Improvisationen (1908–1911) sind eine der umfangreichsten Sammlungen von Choralbearbeitungen, ein großes modernes «Orgelbüchlein». Sie folgen dem Kirchenjahr und eignen sich allesamt für die Verwendung im Gottesdienst. Der Komponist will mit seinen Vorspielen den «ganzen seelischen Inhalt des Gesangbuchtextes» umfassen. Aber auch der ältere gregorianische Choral ist in Karg-Elerts Werk gegenwärtig; er prägt vor allem die späten Orgelwerke (Johannes Matthias Michel).

Damit sei dieser Überblick über «anstoßgebende» Orgelkomponisten aus fünf Jahrhunderten beendet. Der sehr erheblichen Lücken in dieser Aufzählung bin ich mir wohl bewusst. So müssten England und die USA, obwohl dort das Pedal und damit die eigentliche Orgelmusik spät einsetzt, noch eigens betrachtet werden; zumindest Meister wie Henry Purcell, Samuel Wesley, Edward Elgar und Charles Ives hätten eine Würdigung verdient. Dasselbe gilt für Italien, Spanien, Portugal, Polen. Auch die moderne russische Orgelmusik – ein Kunstgewächs der Klaviermusik ohne kirchliche Wurzeln – wäre zu untersuchen. Offen ist auch noch die Frage, was von der reichen im Umkreis der «Orgelbewegung» entstandenen Literatur Bestand haben wird – zumindest den drei Orgelsonaten Paul Hindemiths, aber auch manchem Werk von Hugo Distler, Johann Nepomuk David, Ernst Pepping oder Joseph Ahrens wünschte man längere Dauer und breitere Wirkung. Endlich wäre des kurzen, aber bedeutenden Zwischenspiels der Orgelpräsenz in Synagogen (19./20. Jahrhundert) zu gedenken, die mit Salomon

Sulzer und Louis Lewandowski beginnt und deren letzter Repräsentant der amerikanisch-deutsche Komponist Herman Berlinski (1910–2001) ist.

Schließlich: die «Neue Orgelmusik» – ein weites Feld. Gewichtiges hierzu haben u. a. John Cage (1912–1992), György Ligeti (*1923), Bengt Hambraeus (1928–2000), Dieter Schnebel (*1930), Sofia Gubaidulina (*1931) und Enjott Schneider (*1950) beigetragen. Veränderungen des Orgelklangs spielen in dieser neuen Musik eine Hauptrolle (Clustertechnik, reduzierter Winddruck, neue Registermischungen, Geräuschzufuhr auf Tonbändern usw.). Traditionen der Orgelmusik werden beschworen – und zugleich verändert und verfremdet. Eine einheitliche Entwicklungstendenz lässt sich kaum identifizieren. Es herrscht eine umfassende Polystilistik. So vereinigt Bengt Hambraeus in seiner «Toccata. Monumentum per Max Reger» (1973) Zitate aus zwölf Orgelwerken Max Regers teils in wörtlichen Übernahmen, teils in Transformationen (Umkehrung der Dynamik, «Perforationen» durch Pausen usw.); in «Extempore» (1975) stellt er Musikelemente verschiedener Räume und Zeiten für den Organisten zu freier Kombination bereit. Dieter Schnebel exponiert in seinen «Choralvorspielen I/II» (1966/1968/69) die sonst peinlich vermiedenen Nebengeräusche des Instruments und durchsetzt sie mit Choralfragmenten; die «Heiligkeit» der Orgel wird auf diese Weise relativiert, ihre alte Geschlossenheit aufgelöst und zur Außenwelt hin aufgebrochen. Sofia Gubaidulina mischt in ihrem bislang einzigen Orgelwerk «Hell und Dunkel» (1976) chromatische Cluster mit bewegten Tonfolgen, wobei beide im Lauf des Stückes ihre Lage im oberen und im unteren Klangraum vertauschen. Ein mystisch-religiöser Ton ist wie in allen Kompositionen Gubaidulinas unverkennbar. György Ligeti endlich schuf mit «Volumina» (1961/62/1966) das wohl erste Werk für Orgel, das ausschließlich Cluster verwendet. Es lenkte nach der Einschätzung Martin Herchenröders den Blick der zeitgenössischen Komponisten «wieder auf die Orgel und bewirkte so eine neue Phase der Auseinandersetzung mit diesem Instrument unter den gewandelten stilistischen und ästhetischen Bedingungen der Nachkriegszeit» (Herchenröder 677).

d) Zwei Komponisten haben die Orgel auf die Höhe ihrer jeweiligen Zeit geführt und alle ihre Möglichkeiten ausgeschöpft. Sie sind zuletzt zu nennen: Johann Sebastian Bach (1685–1750) und Olivier Messiaen (1908–1992).

Johann Sebastian Bach, in Eisenach im Schatten der Wartburg geboren, aus einer weitverzweigten Familie thüringischer Stadtmusikanten und Organisten stammend, begann seine musikalische Laufbahn mit achtzehn Jahren als Violinist in der Hofkapelle des Herzogs Wilhelm Ernst von Sachsen-Weimar. Eine längere Tätigkeit als Organist schloss sich an: zuerst in Arnstadt (ab 1703), dann in Mühlhausen (ab 1707), schließlich in Weimar (von 1708 bis 1717). Anschließend stieg Bach beim Fürsten Leopold von Anhalt-Köthen zum Hofkapellmeister auf. Später übernahm er – nach dem Fehlschlag einer Bewerbung als Organist in Hamburg – 1722 das Amt des Kantors an der Thomaskirche zu Leipzig, das er bis zu seinem Tod im Jahr 1750 innehatte.

Beruflich war der Schritt von Köthen nach Leipzig für Bach ein Abstieg – der Hofkapellmeister verwandelte sich wieder in einen einfachen Kantor. Aber Bach wurde entschädigt durch den Titel eines «Hofkompositeurs», den ihm der Dresdner Hof 1736 verlieh, und er war seit seiner Weimarer Zeit als Orgelkenner, Orgelspieler und Komponist in ganz Deutschland und darüber hinaus berühmt – ein Ruf, der ihm 1747 die bekannte Einladung Friedrichs des Großen an den Hof in Potsdam eintrug. Er galt als «der stärkste Orgelspieler, den man jemals gehört hat» (Nekrolog) und als «der größte Orgelkenner Deutschlands und vielleicht Europas» (Adlung/Agricola, zit. bei Klotz 111). Schon in jungen Jahren in Arnstadt war er als Orgel-Sachverständiger tätig, und noch in seiner Leipziger Zeit hat er zahlreiche Orgeln begutachtet – nach zeitgenössischen Berichten immer zu Anfang alle Register ziehend, um erst einmal «die Lunge» des Instruments zu prüfen, dann mit hoher Kunst präludierend und improvisierend.

Über den damaligen Stand der Orgelmusik in Deutschland konnte sich Bach bei zahlreichen Meistern der Zeit unterrichten, die er noch persönlich kennenlernen und hören durfte: bei

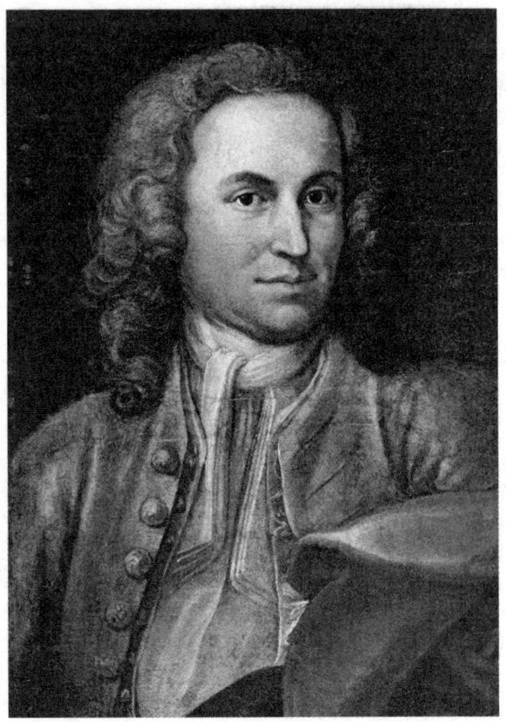

20 – Johann Sebastian Bach
(Gemälde von Johann Ernst Rentsch, um 1715)

Johann Pachelbel, Georg Böhm, Johann Adam Reincken, Dietrich Buxtehude, Nicolaus Bruhns. Die kunstvoll entfalteten norddeutschen Orgeln zogen ihn an, er schätzte besonders die Orgel in St. Catharinen in Hamburg. Doch in seinem Orgelspiel und in seinen Kompositionen bewegte er sich im Lauf des Lebens von der «unruhigen» improvisatorischen Kunst des Nordens mit ihren Takt- und Tempowechseln stärker auf geschlossene einheitliche Formen, auf Gleichmaß und Regularität zu. Die «nordischen» Potentiale seiner Kunst werden durchlässig für die melodiefreudigen und festlichen Formen der Italiener und Franzosen. Man vergleiche nur ein Jugendwerk wie die

Toccata und Fuge d-Moll (BWV 565) – wohl das bekannteste Orgelwerk Bachs überhaupt! – mit der Gemessenheit späterer Werke wie der Passacaglia c-Moll (BWV 582), den Sechs Sonaten für zwei Klaviere und Pedal (BWV 525–530) oder den Präludien und Fugen in C-Dur (BWV 547), e-Moll (BWV 548) und h-Moll (BWV 544).

Zeitlebens setzte sich Bach mit den Orgelmeistern anderer Länder auseinander, schrieb ihre Werke ab, studierte sie eifrig, knüpfte vielfältig an sie an – so an Vivaldi und Frescobaldi, an Couperin und de Grigny.

Orgelmusik zu komponieren begann er mit 15 Jahren. Die meisten Werke entstanden in den Weimarer, Köthener und Leipziger Jahren. Nur das Wichtigste sei schematisch aufgezählt: fünf Toccaten mit Fugen, neunzehn Präludien und Fugen, drei Fantasien mit Fugen, die Passacaglia, die Pièce d'Orgue, drei Choralpartiten, sechs Triosonaten, die Pastorale, die Canzone, das Allabreve, das Orgelbüchlein (kürzere Orgelchoräle), die Schüblerschen Choräle, die Achtzehn Choräle, der Dritte Teil der Clavier-Übung, enthaltend Vorspiele über Catechismus- und andere Gesänge.

Dieses Universum kann hier nicht im Einzelnen vorgestellt und interpretiert werden. Man kann es nach wie vor auf der Orgel, aber auch in Klavierübertragungen sowie in den Kommentaren von Hermann Keller, Ewald Kooiman/Gerhard Weinberger / Hermann J. Busch, Peter Williams und Michael Kube studieren (siehe Literaturverzeichnis). Bis heute bieten Bachs Orgelwerke einen gültigen Maßstab, an dem alle Orgelmusik gemessen werden kann; sie sind unübertroffene Meisterwerke. Und diese Werke sind fast durchgängig *für den Gottesdienst* bestimmt: «die Präludien zum Eingang, die Fughetten zur Intonation der Gesänge, die Sätze des Orgelbüchleins und der Variationen zum Alternieren mit dem Gesang, die großen Choräle, Duette, Sonaten und Konzerte zum hl. Abendmahl, die Fugen zum Ausgang» (Klotz 118).

Diese Orgelkompositionen dienen also dem, was Johann Sebastian Bach seinen «Endzweck» nannte: «eine regulierte Kirchenmusik zu Gottes Ehren» (Mühlhauser Entlassungsgesuch von 1708). Bach schrieb Orgelmusik «dem höchsten Gott allein zu Ehren / Dem Nächsten, draus sich zu belehren» (Vorrede zum «Orgelbüchlein»). Hier unterscheiden sich die Wege der beiden mitteldeutschen Zeitgenossen Bach und Händel. «Während Händel sich damals der Oper und damit dem Saeculum als Welt und Zeit zuwandte, bindet Bach die Musik an den Auftrag der Kirche, trachtet nach einer ‹wohlzufassenden Kirchenmusik›, danach, sie zu ‹regulieren›, d. h. ihr die geregelte und verpflichtende Ordnung zu geben, in jenem altüberlieferten Sinne, wie man von ‹regulierten› Kanonikern, Chor- und Stiftsherren sprach, von solchen, die noch in der vita canonica, in der klösterlichen oder klosterähnlichen Ordnung und Gemeinschaft leben. Musik und Musizieren bedeutet ihm … ein künstlerisches Geschehen nicht aus der bloßen Subjektivität des religiösen Erlebnisses und dem Individualismus pietistischer Herzenserfahrung, gerichtet auf die persönliche Erbauung des Einzelnen, sondern ein solches aus der Objektivität der einmaligen biblischen Offenbarung in Gottes Wort und dem … tragenden und bindenden Grund der schöpferischen Gemeinschaft der Gläubigen, d. h. der Kirche Christi, gerichtet auf die Ehre Gottes des Schöpfers und Herrn: ad maiorem Dei gloriam» (Gurlitt 28f.).

Gleichwohl war Bach kein trotziger Verteidiger oder gar ein Propagandist des Glaubens. Er lebte ganz selbstverständlich im sichernden Rhythmus kirchlicher Überlieferungen, mittelalterliche Glaubensgewissheit verkörpernd in einer langsam sich modernisierenden Welt. Sein stilles und gleichförmiges Leben bedarf der Dramatisierungen nicht. Obwohl Bachs letzte Leipziger Werke sich ins Esoterische zurückziehen und einen Hauch von Resignation verspüren lassen – als Monumente wider die Zeit hat Bach sie wohl kaum verstanden. Eher als einen Ausklang, eine Zusammenfassung; und in der Tat sind sie Abschluss und Gipfel einer zweihundertjährigen Musiktradition im evangelischem Raum zwischen Nürnberg/Frankfurt und Hamburg/Rostock – einer Tradition, die mit dem Leipziger Thomaskantor einsam und fast isoliert in die musikalische Weltgeschichte hineinreicht.

Bachs stilles und schnelles Vergessenwerden und seine überraschende Wiederentdeckung nach fast 80 Jahren – «Tod und Auferstehung» des Komponisten, wie Albert Schweitzer es nannte – werden immer zu den Merkwürdigkeiten der Geschichte zählen. Nicht zufällig fällt diese Wiederentdeckung in die Zeit des sich ausbreitenden historischen Bewusstseins – in jene Jahrzehnte des späten 18. und des beginnenden 19. Jahrhunderts, in denen Winckelmann die Einheit aller Kunst proklamiert, Goethe den Gedanken der Welt-Literatur entwickelt. Die Großtat des zwanzigjährigen Mendelssohn, die Wiederaufführung der Matthäus-Passion, darf jenen Initiativen und Neubegründungen als musikalisches Komplement an die Seite gestellt werden. *Bach ist der erste Meister der Musik, der nicht aus lebendiger Überlieferung, aus einer nie unterbrochenen Aufführungspraxis heraus zum allgemeinen Besitz wurde, der vielmehr seine heutige Geltung einem bewusst gesetzten Akt neuer Aneignung verdankt.* Romantische Liebe und Verehrung und gelehrte historische Erschließung haben an diesem Vorgang gleichen Anteil. Die gewaltige Arbeit der Editionen, der Forschung, der musikalischen Analyse musste hinzukommen. Nur so konnte der «ganze Bach» zurückgewonnen werden – der gelehrte, mittelalterliche, der fremde und «ganz andere» Bach.

Olivier Messiaen wurde 1908 in Avignon geboren. Als seine geographische Heimat hat er stets die Stadt Grenoble bezeichnet. In den Hochalpen (wie überhaupt in der Natur) fühlte er sich weit mehr zuhause als in der Großstadt, deren Lärm ihn abstieß; in der Abgeschiedenheit sind viele seiner Werke entstanden. Gleichwohl nahm sein Ruhm als Organist und Komponist den Ausgang von Paris, wohin er mit seinen Eltern nach dem Ersten Weltkrieg gezogen war und wo er bis zu seinem Tod im Jahr 1992 lebte.

Messiaens Werk ist ein Universum neuer Formen, Farben und Klänge. Es greift über die französischen, ja über die europäischen Musiktraditionen weit hinaus. Vieles und Gegensätzliches wird in den Schöpfungen dieses eigenwilligen Künstlers miteinander verschmolzen: antike Monodie und gregorianischer Choral, Kirchentöne und impressionistischer Orchester-

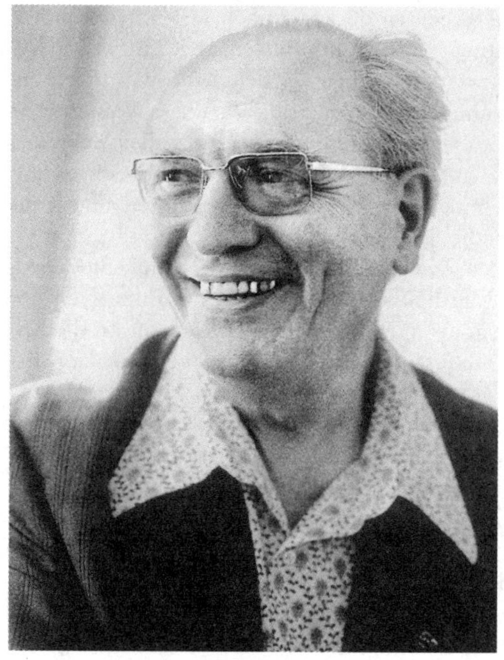

21 – Olivier Messiaen

klang, indische Rhythmik, indonesisches Gamelan, afrikanische Trommeln, Wellblech, Rohrglocken und tiefes Tamtam.

Dazu immer wieder die Vögel und ihr Gesang, von Messiaen lebenslang studiert und aufgezeichnet – Vorbild jenes «befreiten Rhythmus», den er unablässig suchte, weitab von allem Ebenmaß, allen gleichen Unterteilungen und regelmäßigen Wiederholungen, wie sie der abendländischen Musik seit der Entdeckung der Mehrstimmigkeit im Mittelalter eigentümlich sind (und wie sie in der Neuzeit vor allem von Beethoven, wie Messiaen tadelnd anmerkt, zu einem fordernden, unentrinnbaren Takt- und Gleichmaß gesteigert wurden – an dem übrigens auch die «Zweite Wiener Schule» mit Schönberg, Berg oder von Webern nichts ändern sollte).

«Komponist, Ornithologe und Rhythmiker» druckte Messiaen auf seine Visitenkarte. Ungefähr 700 Vogelrufe wusste er zu unterscheiden. Sein siebenbändiger «Traité de rythme, de couleur et d'ornithologie», erst nach seinem Tod von seiner Frau Yvonne Loriod veröffentlicht, enthält neben Erläuterungen zu eigenen und fremden Kompositionen Vogelgesänge aus aller Welt. Sie waren für ihn ein authentischer Widerklang der Schöpfung. Immer hielt Messiaen nach eigenen Worten Ausschau nach einer Musik, «die sich wiegt, die singt ..., die ein neues Blut ist, eine sprechende Gebärde, ein unbekannter Duft, ein Vogel ohne Schlaf». Messiaen konnte seine Musik auch «schillernd, raffiniert, ja wollüstig» nennen. Sinnliche Ekstatik verschmilzt bei ihm mit glühendem Glaubenssinn, und so spiegelt seine Musik auch «das Ende der Zeit, die Allgegenwart der Auferstandenen, der verklärten Leiber, die göttlichen und übernatürlichen Geheimnisse».

So viel kühne Mischung war für manchen Kritiker zu viel. So schwankte Messiaens Charakterbild lange Zeit im Urteil der Musiksachverständigen. Der Mann war kaum einzuordnen. Durfte das denn sein: ein katholischer Avantgardist, der die begabtesten jungen Komponisten anzog – Stockhausen, Boulez, Xenakis, Nguyen Thien Do – und der als Lehrer am Pariser Konservatorium für Harmonielehre, für Analyse, zuletzt für Komposition eine so intensive und wirksame Lehrtätigkeit entfaltete wie im 20. Jahrhundert wohl nur noch Arnold Schönberg? Ein junger Franzose, der als Kriegsgefangener im Winter 1940/41 in einem Görlitzer Lager sein «Quartett für das Ende der Zeit» geschrieben hatte und der nun die musikalische Welt mit den Riesenformaten seiner «Zwanzig Blicke auf das Jesuskind» (dem längsten Klavierwerk der Moderne!) und seiner «Turangalila-Symphonie» verblüffte? Ein Mann zudem, der von sich sagte, er sei «als Glaubender geboren» und der sich nicht scheute, einen großen Teil seiner Werke Christus und dem Heiligen Geist zu widmen – so wie Anton Bruckner seine Neunte Symphonie mit naivem Freimut «Dem lieben Gott» gewidmet hatte?

Selbstironisch sprach Messiaen später von den «vier Tragödien» seines Lebens: als gläubiger Musiker zu Atheisten zu sprechen; als Ornithologe zu Stadtmenschen; als Synästhetiker zu Leuten, die bei Klängen keine Farben sahen; als Rhythmiker zu Menschen, die das Rhythmische mit einem Militärmarsch verwechselten.

Doch am Ende setzte sich Messiaen als Lehrer, Künstler und Forscher durch. Spätestens seit den sechziger Jahren des 20. Jahrhunderts waren sein Werk und seine Person international anerkannt. Manche sahen in ihm nun einen der größten Komponisten des 20. Jahrhunderts, einen letzten Klassiker – noch mehr Menschen verehrten ihn als den wichtigsten Orgelkomponisten der Gegenwart. Übrigens amtierte er die ganze Zeit, 61 Jahre lang, an der Cavaillé-Coll-Orgel der Kirche Sainte-Trinité in Paris als Organist – so wie viele Komponisten Frankreichs seit Jahrhunderten als Organisten an Kirchen tätig waren. Messiaen war seinerzeit, 1931, mit 22 Jahren der jüngste Titularorganist Frankreichs.

Almut Rößler, eine der bedeutenden Messiaen-Interpretinnen (1932–2015) weist darauf hin, dass der Meister seit seiner «Apparition de l'Église éternelle» (1932) in seinem Orgelwerk bewusst auf Taktangaben verzichtet habe (Rößler 441). Schon seit dieser Zeit machte er sich auf die Suche nach jenen freien Rhythmen, die keine gleichmäßige Wiederkehr im Takt erwarten ließen. Um sie zu finden, griff er zu alt-neuen Orientierungen. Zunächst zum gregorianischen Choral, dessen «rhythmische Schmiegsamkeit» er rühmte – sie war nach seiner Meinung in den isometrischen Zwängen der Mehrstimmigkeit untergegangen. Dann griff er die Vielzahl der (alt)griechischen Versmaße und ihrer außereuropäischen Parallelen auf. Endlich nahm er Bezug auf das unerschöpfliche Arsenal der Vogelstimmen, die er lebenslang mit Notenblättern und mit dem Kassettenrekorder auf mehreren Kontinenten erforschte.

«Aus diesen rhythmischen Modellen leitete Messiaen rhythmische Verarbeitungsformen ab: die ‹valeur ajoutée›, (der hinzugefügte kleinste Wert, der alle metrische Regelmäßigkeit aufbricht), die unregelmäßige Verkleinerung und Vergrößerung, den ‹unumkehrbaren› Rhythmus, der von vorne und von hinten gelesen dasselbe ergibt. ‹Valeurs irrationelles› leitete Messiaen aus Chopins Klaviermusik, ‹personnages rhythmiques› (Variationen des rhythmischen Materials durch Addition oder Subtraktion kleinster Werte pro Zeitdauer) von Strawinskys ‹Sacre du Printemps› ab. Eine rein mathematische Verarbeitung von rhythmischen Themen sind die ‹permutations symétriques›: Zahlenumstellungen von gegebenen Zeitdauern nach einem bestimmten Schlüssel ... Messiaens Sensibilität für den harmonischen und klangfarblichen Bereich, aus dem sich eine besondere Beziehung zwischen Klang und Farbe ergibt, ist ein weiteres Charakteristikum seiner Orgelmusik wie seines Schaffens überhaupt» (Rößler 438).

Größenmaße und Ausdehnung der Orgelmusik Messiaens muss man – wie bei Bach – im Hören erfahren. Hier sei nur an die wichtigsten Titel und ihre Entstehungszeit erinnert. «Le Banquet céleste» ist das erste gedruckte Werk des Komponisten (1928); es erinnert an das Abendmahl – und symbolisiert mit Staccato-Noten im Pedal die Blutstropfen Christi. «L'Ascension» (1934), ursprünglich für großes Orchester komponiert, ist Messiaens erster auf ein Kirchenfest – Christi Himmelfahrt – bezogener Orgelzyklus. Ihm schließt sich der Weihnachtszyklus «La Nativité du Seigneur» (1935) an, das erste fast einstündige Groß-Werk Messiaens für Orgel in neun Sätzen. «Les Corps glorieux» (1939) und die Spätwerke «Méditations sur le Mystère de la Sainte Trinité» (1969) und «Livre du Saint Sacrement» (1984/85) weisen ähnlich umfangreiche Dimensionen auf, es sind wahre Musik-Panoramen (zwischen 45, 75 und 108 Minuten Dauer).

Messiaens letztes großes Werk, das «Livre du Saint Sacrement» folgt in der Betrachtung des Altarsakraments den Strophen des Hymnus «Adoro te devote» (Thomas von Aquin) und Worten der «Imitatio Christi» (Thomas a Kempis). Es schreitet in achtzehn Sätzen die Heilsgeschichte von der Geburt Jesu bis zur Einsetzung des Altarsakraments und zur Kreuzigung und Auferstehung ab und endet in Betrachtungen über die Transsubstantiation und die durch das Sakrament ausgelöste «Freude der Gnade». Ein «alleluja final» steht am Ende. Die Musik vereinigt extreme Gegensätze miteinander: einfache Durklänge, modale

Harmonik, aber auch Passagen mit Clustern voll dissonanter Härte, hohe Obertöne, kompakte Grundstimmen, äußerstes Fortissimo. «Darum kann man dieses Werk nur auf einer wirklich großen Orgel spielen» (Rößler 450).

Nebenbei: Unter dem Einfluss seiner deutschen und amerikanischen Bekannten und Mitstreiter freundete sich Messiaen, dessen Werk ohne die französische Orgel nicht zu denken ist, in seinen letzten Lebensjahren sowohl mit den steil disponierten, mixturenreichen deutschen Orgeln als auch mit den amerikanischen Riesenorgeln mit über 100 Registern und einer ausgeprägten Schwell-Dynamik an. Einige seiner Werke sind in Deutschland und in den USA auf solchen Orgeln uraufgeführt worden.

Messiaens Werke für Orgel – sind sie Kirchenmusik im traditionellen Sinn? In welchem Verhältnis stehen sie zur Liturgie? Kann und soll man sie in Gottesdiensten spielen? Messiaen hat wohl eine große Franziskus-Oper (1983), aber keine Messe geschrieben. (Er hat auch nie von geistlicher Seite einen Auftrag dazu erhalten!) Wie er selbst sein Verhältnis zur Kirchenmusik sah, geht aus einem Vortrag hervor, den er am 4. Dezember 1977 in Notre-Dame in Paris gehalten hat. Darin nennt er drei Weisen, wie sich Musik dem Heiligen nähern kann.

Da ist zuerst die liturgische Musik, die dem Aufbau des Offiziums folgt – für den Komponisten ist sie gleichbedeutend mit dem gregorianischen Choral. Die liturgische Musik feiert Gott «zuhause», in seiner Kirche, seinem Opfer. Da ist sodann die geistliche Musik, gewissermaßen eine Liturgie außerhalb der Kirchenmauern, die ein weites Feld von Epochen und Ländern umfasst – von Bachs h-Moll-Messe und Mozarts «Ave verum» bis zu Passagen in Debussys «Le martyre de Saint Sébastien» und bis zu indischen, tibetanischen, japanischen Musiktraditionen. Von dieser geistlichen Musik sagt Messiaen, dass sie alle Zeiten und Orte erreicht, das Materielle wie das Geistige berührt und «Gott überall findet». Und schließlich gibt es «den Durchbruch zum Jenseitigen, zum Unsichtbaren und Unsagbaren, der mit Hilfe der Ton-Farbe (son-couleur) gelingen kann und der gipfelt in der Erfahrung des «Geblendetseins (éblouissement)». – In Messiaens Franziskus-Oper (II. Akt, 2. Bild) sagt der Engel zu Franziskus: «Gott blendet uns durch die Überfülle der Wahrheit. Die Musik trägt uns zu Gott durch den Mangel an Wahrheit. Du sprichst durch die Musik zu Gott: Er wird dir durch die Musik antworten.»

Übrigens hatte sich Messiaen bei seinem Musikstudium am Pariser Konservatorium, das er mit elf Jahren begann, erst spät, mit 16 Jahren, der Orgel zugewandt. Seine Lehrer machten ihn auf die Orgel aufmerksam, weil er das Talent zum Improvisieren hatte. Er lernte die Orgel kennen, sie rückte allmählich in den Mittelpunkt seiner Interessen und bestimmte seinen weiteren musikalischen Weg. Sie forderte ihn als Organist, als Komponist – und er gab ihr Klänge zurück, die vorher nie gehört wurden.

VI. «Wie die Orgelpfeifen»
Die Orgel im Sprichwort und in der Literatur

Die Orgel begegnet uns in Ton und Bild – als klingendes Instrument und als Bauwerk, das die Blicke der Betrachter auf sich zieht. Sie ist aber auch gegenwärtig im Sprichwort und in der Literatur. Ihre tönende Vielgestalt ruft viele Wörter, viele Redensarten auf den Plan. «Andere Instrumente *tönen* oder *klingen* bloß, die Orgel dagegen *geht, singt, pfeift, rauscht, klingt, tönt, hallt, schallt, braust, spricht, schreit* (Grimm, Deutsches Wörterbuch), *seufzt* (Georg Trakl), *rast darein wie ein Vulkan* (Wilhelm Heinse), *stöhnt wie ein seufzendes Riesenherz* (Heinrich Heine), *tönt mit donnernden Tönen* (E. T. A. Hoffmann), ja *rauscht und sprudelt und weht und tost wie ein majestätisches Gewitter von Tönen* (Heinrich Federer), und sie wird verglichen bald *mit dem rauschenden Laubwald, bald mit dem brandenden Meer, bald mit der Posaune des jüngsten Gerichtes, bald mit den Engelschören des Himmels* (Eduard von Werra, zit. nach Haselböck 7 f.). Kein Wunder, dass schon Mozart die Orgel als *König aller jnstrumenten* bezeichnet hat (Oehms 1, 24) und dass Hector Berlioz in ihr sogar den *Papst der Musikinstrumente* (Haselböck 8) sah.

Auch wer nur wenig mit Musik vertraut ist, kennt den Spruch «Wie die Orgelpfeifen». Er bezieht sich meist auf eine Schar rasch hintereinander geborener Kinder, die eine ansteigende Reihe bilden – im Zweifel Kinder von Organisten selbst! Der Vergleich ist alt – nach Friedrich Jakob kommt er schon in Fischarts «Geschichtsklitterung» im 16. Jahrhundert vor. Und er hat sich bis heute erhalten als anschauliches Bild, um eine kinderreiche Familie zu bezeichnen – ein «Orgelpfeifenarsenal», wie Carl Zuckmayer es nennt.

Auch die Orgelregister bilden eine reiche Quelle von Bildern und Vergleichen. Viele von ihnen tragen sprechende Namen:

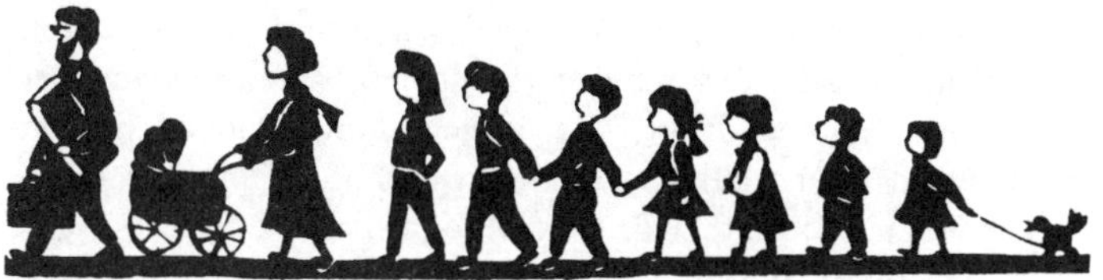

22 – Die Familie des Organisten Wolfgang Sieher, Luzern
(aus dem Scherenschnitt «Die phantastische Orgel» von Karin Bonderer, 1996)

vom Apfelregal bis zum Zartgedackt, von der Sifflöte bis zur Zwerchpfeife, vom Krummhorn bis zur Scharfgeige, vom Gedacktpommer bis zur Tromba amabile, von der Schweizerpfeife bis zum Italienisch-Prinzipal, dem Englischhorn, der Flûte allemande, von der Vox angelica zur Vox coelestis und zur Vox humana.

Von diesen sprechenden Namen, vom Bau und Klang der Orgel überhaupt hat der unerschöpfliche Jean Paul in seinem Romanwerk reichen Gebrauch gemacht. Bau und Technik der Orgel kannte er genau; seine Kenntnis reichte tief ins Handwerkliche des Instruments hinein. Ich danke die folgenden Stellen dem Sammlerfleiß des Orgelbauers und Orgelwissenschaftlers Friedrich Jakob. Vom Schulmeisterlein Wutz sagt der Dichter: er quetschte … «den Orgeltasten den Choral ‹Gott in der Höh' sei Ehr› ein oder ab … und streckte die kurzen Beine mit vergeblichen Näherungen zur Parterre-Tastatur hinunter, und der Vater riss für ihn die richtigen Register heraus». In seiner üppigen Fantasie erdachte Jean Paul ein ganzes «Orgelwerk von Spitzbubenpfeifen», er verglich neu auftretende Dichter mit neuen Orgelregistern; das Leben war ihm eine Orgel, bei der die Jahre die verschiedenen Register bildeten. Wie ein Orgelbaufachmann sprach der Dichter von einer «groben» (= tiefen, großen) Pedalstimme, er fand die Menschenstimme (Vox humana) schön, «am schönsten mit dem Tremulanten»; er kannte die alte Wasserorgel, erwähnte immer wieder den Kalkanten, zog, wenn es kräftig hergehen sollte, notfalls auch 32füßige Pedalregister, nahm Notiz von Abbé Voglers «Simplifikationssystem» und von den orgelbaulichen Tendenzen seiner Zeit. Und er wusste im «Siebenkäs» sogar von einer weiblichen Orgel zu berichten: «Aber sie riss alle Register der weiblichen Orgel, das Schnarrwerk, das Flötengedackt, die Vogelstimme, die Menschenstimme und zuletzt den Tremulanten heraus. Er mochte sagen, was er wollte; sie sagte, was sie wollte» (Jakob 3, 57 f., 69, 98).

Im Sprichwort und in der Literatur ist die Orgel nicht nur ein Harmonie-Instrument. Sie kann mit ihrem Donnerlaut auch an Sturm und Gewitter, an Krieg und Tod erinnern. In alten Totentanz-Darstellungen taucht der Tod als Orgelspieler auf. Im Zweiten Weltkrieg beherrschten «Stalinorgeln» die Kämpfe im Osten und den Sturm auf Berlin 1945 – der schaurige Widerklang alter Orgel-Battaglias, wie sie vor allem in der spanischen Orgelmusik (Cabanilles), aber auch in späteren musikalischen Schlachtenmalereien seit dem 18. Jahrhundert ihren Platz hatten. Wiederum hat Jean Paul solche «Totenorgeln» – Vorläufer der modernen Raketenartillerie – bereits in seinem Roman «Titan» erwähnt: «So rückte das Gewitter mit all seinen spielenden Kriegsmaschinen und Totenorgeln von Lindenstadt herüber und trat bewaffnet und heiß über die Kirche» – wobei der Dichter das Wort «Totenorgel» eigens einer Anmerkung würdigt: «Eine alte Maschine, die viele Schüsse auf einmal tut».

Sprichwörtlich geworden ist auch der «Orgelpunkt». Musikalisch ist er der lang ausgehaltene, meist tiefe Ton in einem mehrstimmigen Satz – fast immer dem Pedal zugewiesen, da der Fuß solche langen Töne bequem zu halten vermag. Metaphorisch steht er für das Lang-Andauernde, Sich-Durchhaltende in einer Bewegung – für den ruhenden Pol im Getriebe der Zeit. So hat Gerhart Hauptmann 1927 beim 60. Geburtstag von Käthe Kollwitz deren Kunst als Orgelpunkt «in der Sinfonie der letzten vier Jahrzehnte» bezeichnet. Und in Robert Musils «Mann ohne Eigenschaften» kann sogar ein Schreibtisch in einem Zimmer zum «Orgelpunkt» des Raumes avancieren (Jakob 3, 110 f.).

Wer über die Orgel spricht oder schreibt, stimmt meist ihr Lob an. Doch auch Kritik und Tadel sind nicht selten. Das literarische Echo auf den Orgelklang ist durchaus ambivalent. So hat schon Luther die Orgel sowohl gelobt als auch getadelt und geschmäht. Einerseits ermuntert er zum Spiel auf ihr (er spricht dabei freilich fast immer von einem Regal), und er erinnert daran, dass Gott selbst das Singen und Musizieren liebe und die Menschen dazu anhalte. Gegen Traurigkeit helfe es, «unserem Herrn Christo ein Lied [zu] schlagen auf der Orgel». Doch er spricht auch vom «Geschrei der Orgeln» und vergleicht sie mit dem «Geplärr der Mönchschöre». Sie machen zu viel Lärm, meint er, sie setzen sich an die Stelle des Evangeliums und verstellen damit Gottes Wort. Streng abweisend urteilt er über ihre Präsenz in Kirchen und beim Gottesdienst «Nicht da orgeln und Pfeiffen sind, sondern da der Herr unser Gott redet, daselbst gehet an leben, seligkeit und barmhertzigkeit» (Schmidt-Rost in Eggebrecht 89).

Die Ambivalenz der Orgel klingt auch bei Goethe an – jedoch in einem anderen, positiven Sinn. In einem Gespräch mit Sulpiz Boisserée am 8. September 1815 entwirft der Dichter das kühne Bild einer Orgel, an der Gott und der Teufel gleichzeitig tätig sind: «Die Natur ist so, dass die Dreieinigkeit sie nicht besser machen könnte. Es ist eine Orgel, auf der unser Herrgott spielt, und der Teufel tritt die Bälge dazu.» Der Teufel als Kalkant, als «ein Teil von jener Kraft, die stets das Böse will und stets das Gute schafft» – eine theologisch gewagte, eigenwillige, vielleicht absonderliche, auf jeden Fall aber eine echt goethische Sicht der Schöpfung.

Anders ist es bei Jean Paul. Dieser kirchlichste Autor unserer Literatur – keiner hat Gottesdienste, Predigten, den Ablauf des Kirchenjahres, die Kasualien des Pfarrers so genau und einfühlsam beschrieben wie er! – war, wie gezeigt, auch ein großer Orgelkenner. Er hat die Orgel über alles geliebt. In seiner «Selberlebensbeschreibung» schildert er, wie er als junger Mensch der Kirchenmusik in der kleinen Joditzer Kirche lauschte. «Der Tonkunst war meine Seele (vielleicht der väterlichen ähnlich) überall aufgetan, und sie hatte für sie hundert Argus-Ohren. Wenn der Schulmeister die Kirchgänger mit Finalkadenzen heimorgelte, so lachte und hüpfte mein ganzes kleines gehobenes Wesen wie in einen Frühling hinein ...»

In der Tat war die Orgel zur Zeit Jean Pauls noch untrennbar

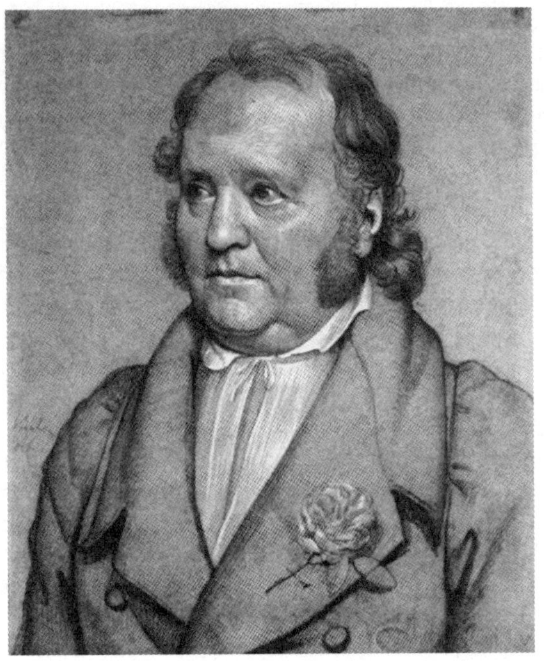

23 – Jean Paul im 60. Lebensjahr
(Zeichnung von Vogel zu Vogelstein, 1822)

mit dem Gottesdienst verbunden – und das galt nicht nur für die katholischen, sondern auch für die lutherischen Regionen Deutschlands. Luther, kein Bilderstürmer und schon gar nicht ein Feind der Musik, hatte zwar das lateinische Offizium durch deutsche Kirchenlieder ersetzt. Er hatte die Orgel getadelt, weil sie sich nach seiner Meinung allzu oft mit ihrer lauten Stimme dem Evangelium in den Weg stellte. Er hatte aber weder das Latein noch die Kunstmusik noch die geschulten Sänger, die Chöre und die Instrumentalisten aus den evangelischen Kirchen verbannt. Und so nahm die geistliche Musik in den lutherischen Regionen in nachreformatorischer Zeit einen neuen Aufschwung – bis hin zu Bach und Händel. In der evangelischen Theologie gewann nicht nur das Wort, sondern auch die Musik Bedeutung für den Glauben. Organisten wurden in den Kreis der Kirchendiener einbezogen. Sie gewannen eine liturgische Funktion, erhielten einen sozialen Status – so auch Jean Pauls Vater, der Lehrer und Organist (und später Pfarrer) war.

Freilich: Kirche, Gottesdienst, Gesang und Orgelspiel bilden bei Jean Paul keine Ausnahme von der allgemeinen Brüchigkeit und Fraglichkeit des Weltlaufs, die das Generalthema seiner Werke darstellt. In der «Unsichtbaren Loge» geht ein lebendig Begrabener, der sich eben aus seinem Grab befreit hat, zur Orgel hinauf «wie zu einer löschenden Quelle ... Und als ich mit ihren großen Tönen die nächtliche Kirche und die tauben Toten erschütterte und als der alte Staub um mich flog, der auf ihren stummen Lippen bisher gelegen war: so zogen alle vergänglichen Menschen, die ich geliebt hatte, nebst ihren vergänglichen Szenen vorüber ...; ich erzählte ihnen mit Orgeltönen, was zu einer bloßen Erzählung geworden war, ich liebte sie alle im Fluge ihres Lebens noch einmal und wollte vor Liebe an ihnen sterben und in ihre Hand meine Seele drücken – aber nur Holztasten waren unter meiner drückenden Hand. – Ich schlug immer wenigere Töne an, die um mich wie ein ziehender Strudel gingen – endlich legt' ich das Choralbuch auf einen tiefen Ton und zog die Bälge in einem fort, um nicht den stummen Zwischenraum zwischen den Tönen auszustehen – ein summender Ton strömte fort, wie wenn er hinter den Flügeln der Zeit nachginge, er trug alle meine Erinnerungen und Hoffnungen und in seinen Wellen schwamm mein schlagendes Herz ...Von jeher machte ein fortbebender Ton mich traurig.» Notabene: Wer denkt hier, bei dem fortbebenden Ton, nicht an den Schluss des «Doktor Faustus» von Thomas Mann?

Auch in Heinrich von Kleists Erzählung «Die heilige Cäcilie oder Die Gewalt der Musik», die 1810 in den Berliner Abendblättern erschien, spielt die Kirchenmusik und mit ihr die Orgel eine Rolle. Es geht um ein Kloster vor den Toren der Stadt Aachen, das zu Ende des 16. Jahrhunderts durch eine zerstörungslustige Truppe von Bilderstürmern bedroht wird. Die Ordensfrauen sind wehrlos – und zu allem Unglück erkrankt auch noch die Schwester, die beim feierlichen Hochamt die alte italienische Messe dirigieren soll. Doch dann geschieht das Unerwartete, Wunderbare: Höchstpersönlich nimmt die Schutzherrin der Kirchenmusik, nimmt Cäcilia in der Gestalt der Schwester Antonia Platz auf der Orgel, sie dirigiert die Messe, versetzt die Zuhörer in feierliche Andacht, lähmt die mit Äxten bewaffneten Zerstörer – so dass das Kloster mit seiner ganzen Einrichtung noch auf Jahrzehnte bestehen bleibt (die Bilderstürmer landen im Irrenhaus der Stadt). – Eine höchst unheilige Geschichte, diese «Legende» (wie Kleist sie bezeichnet), mit unheimlichen, geradezu exorzistischen Zügen – aber zugleich auch ein Symbol für die zur Autonomie gelangte, mächtig gewordene Musik, die sich den Bilderstürmern und, so darf man folgern, der Kunstfeindschaft überhaupt mit ihrer zwingenden «Gewalt» entgegenstellt.

In den meisten schriftlichen Zeugnissen überwiegt freilich das Lob der Orgel. Man kann verfolgen, wie es im Lauf der Zeit an Stärke und Nachdruck gewinnt – im gleichen Zug, in dem die Orgeln größer, stärker, lauter werden. Den kleinen Instrumenten des Anfangs wird ihre Süße, ihre Sanftheit, ihr beseelter Ton nachgerühmt. Später – die Instrumente werden größer – rückt der Hall der Orgel, ihr Rauschen, Schmettern, Brausen, Dröhnen in den Vordergrund. Vollends im 19. und 20. Jahrhundert scheint die Orgelpoesie selbst heftig und kräftig in die Tasten zu greifen – so als stünde sie unter dem Eindruck der großen Instrumente mit ihrer vom Winddruck beflügelten Lautstärke. So wird in Georg Heyms «Hymne» (Nachgelassene Gedichte, 1924) der mächtige Klang der Orgel beschworen:

Unendliche Orgeln brausen in tausend Röhren,
Alle Engel schreien in ihren Pfeifen
Über die Türme hinaus, die gewaltig schweifen
In ewiger Räume verblauende Leere.

Bei Hermann Hesse, der 1937 ein langes Gedicht «Orgelspiel» schrieb, strebt die Orgel – «seufzend und wieder dröhnend» –

«gottwärts» und «geistwärts» dem Firmament entgegen. Ihre Klänge bilden eine Himmelsleiter aus Tönen. Ihr Pfeifenchor reicht bis ins Weltall hinein. Ihr «Fugenschritt» wird für den Dichter gar zum «Sakramente». In «befreiter Rührung» hören die Menschen dem Spiel des greisen, versponnenen Musikanten zu, der auf der Orgelbank sitzt; er weiß das Geäst der Schlüssel und Signaturen zu entwirren und das umfangreiche Tastenwerk des Instruments mit Händen und Füßen zu bändigen – ein literarisches Gegenstück zu Thomas Manns Meister Pfühl aus «Buddenbrooks»:

In den geistbeherrschten Takten dichten
Tausend Menschenträume sich zu Ende,
Träume, deren Ziel war: Gott zu werden,
Träume, deren keiner je auf Erden
Sich erfüllen darf ...

Die langsame Entfaltung des Orgelklangs wird hörbar bei Fritz Usinger (Jakob 3, 131):

Aus dem Holze, dem Metalle
Langsam lösend Stimm um Stimme,
Dass das Tote plötzlich schalle,
Summend erst wie eine Imme,

Dann sich hebend zum Gesange,
Wie mit Feuern will es strahlen.
Endlich schwillt zum Weltenklange
Braus aus schütternden Pedalen.

Dagegen überwiegt bei Christian Morgenstern der Rausch, die Entfesselung, die Allgewalt der Orgel:

Dich zu spielen, gewaltige Orgel –;
Blind,
mit tastenden Händen
über den Herzen der Welt!

Mit jedem Griff
Unnennbares lockend,
Stürmen und Säuseln
Abgrundentfesselnd, –
eine Fuge
aus Seufzern,
Gelächtern,
Flüchen,
Wehklagen,
Wollüsten,
Jauchzern ...

So zu sitzen!
Blind
Vor brausendem Tönemeer –
Unter meiner Hand,
des Mächtigen,
auf und nieder rauschendem Tönemeer ...
und ein Lauschen
auf allen Sternen ...

Ähnlich in Werner Bergengruens «Ballade vom Wind» (1952), hier kreisen die Wirbelwinde um die Kathedralen,

rannten auf den Orgelboden,
griffen, rasende Rhapsoden,
in die Pfeifen und Register ...

Musikpoeten haben in ihren Gedichten nicht nur Orgeln und Organisten, sondern auch den Orgelbau und die Orgelbaumeister besungen – kein Wunder bei der engen Zusammengehörigkeit der beiden «Gewerke» und der ihnen gemeinsamen Komplexität und Künstlichkeit. Vielleicht das schönste Orgelbauergedicht verdanken wir dem aus Klipphausen bei Meißen stammenden, in Weimar lebenden Lyriker Wulf Kirsten (*1934). Es gilt dem sächsischen Meister Gottfried Silbermann (1683–1753) der nach Lehrjahren bei seinem älteren, ins

Elsass ausgewanderten Bruder Andreas (1678–1734) 1709 nach Sachsen zurückkehrte und dort mehrere Orgeln (u. a. in Dresden und in Freiberg) baute, die von Johann Sebastian Bach hoch geschätzt wurden. – In Wulf Kirstens Gedicht entfaltet das genau geschilderte handwerkliche Detail poetischen Glanz (Kirsten):

hof- und landorgelbauer im generalbaßzeitalter,
meißnischer daedalo.
geboren zu Kleinbobritzsch, erdnah und himmelweit,
zu füßen Frauensteins als wäldner.
kein bild, kein grab blieb nach.
ein menschenalter stur und still
am flußlauf der Bobritzsch, der Mulde
orgeln gepflanzt.
Sächsisch-Sibirien verakkordiert.
der rauhen köhlerlandschaft
blies er seinen atem ein.
sorgsam gesetzt
jeden registerknopf und jede pulpete.
zinnblätter ausgehämmert.
den baß gekröpft und akkurat gelötet.
mensuren berechnet, windfragen geklärt,
nicht gewohnt, zu sparen das seinige und seinen fleiß.
mit haarzirkel, zinnschere und fausthobel,
mit schrägmaß, stimmdistel und windprobe hantiert
werk- und wundertätig an werken für die dauer.
nie stand die arbeit still.
sich keiner mühe überhoben,
die letzte silberne posaune angeblasen,
gestimmt und intoniert.
gestorben an bleigicht, erdnah und himmelweit.
ein meister aus Sachsen, still und stur.
vollkommner Silbermann, kein bild, kein grab blieb nach.
eine orgellandschaft gestiftet.

Ich schließe dieses Kapitel mit Sätzen aus einem Nachlasswerk von Christine Lavant, aus der Erzählung «Die Verschüttete» (1978):

> «Da hob oben die Orgel an, welche allein keine Furcht kannte und ihren heiligen Mut wunderbar an die Sänger verteilte. Vielleicht übertrieben diese in ihrem Herzen den Mut, denn inbrünstig und wie ein Sturm brach Gesang los, trieb die Furcht wie ein Gewölk vor sich her und zerteilte sie, wie draußen ein aufstehender Nordwind die Föhnschwaden zerteilte und das innige Blau des Himmels verheißungsvoll über die Erde hielt.»

VII. Zur Geschichte der Orgel und des Orgelspiels

Wer hat die Orgel erfunden? Es soll kein Musiker, es soll ein Ingenieur gewesen sein, der auch Wasserspiele und Feuerwehrspritzen erfand: Ktesibios aus Alexandria, der zwischen 283 und 246 v. Chr lebte. In der Tat trägt die Orgel bis heute einen Doppelcharakter: sie ist ein Musikinstrument, sie ist aber auch ein hochartifizielles technisches Gerät.

Ktesibios' Instrument war eine Wasserorgel, ein hydraulos, wie der Erfinder sie mit einem neuen Wort benannte – also ein Wasser-Aulos, ein Wasser-Blasinstrument. Jean Guillou beschreibt es so: «Stellen wir uns ... einen umgestülpten Trichter vor, welcher sich im Inneren einer mit Wasser gefüllten Wanne befindet. Der Trichter ist am unteren Rand mit Einkerbungen versehen oder er ruht auf Leisten, damit der Wasserspiegel in Trichter und Wanne gleich hoch ist. Die Wassermenge entspricht dem gewünschten Druck. Die Spitze des Trichters mündet in zwei Kanäle: Der eine kommt von der Pumpe, welche sich seitlich der Wanne befindet. Durch ihn tritt der Wind ein. Der andere führt den Wind zur Windlade und damit zu den Pfeifen. Fügt man ihm jene kleinen Ventile hinzu, welche den Eintritt der Luft in die Pumpe und den Verschluss des Kanals zum Trichter regeln, dann haben wir bereits alles, was zur Windversorgung der Orgel nötig ist ... Wir verwenden heute das System des Ktesibios, allerdings umgekehrt: Denn heute gelangt der Wind zuerst durch das Ventil, welches der jeweiligen Note entspricht, bevor er mit Hilfe der Registerzüge auf die verschiedenen geöffneten Register verteilt wird» (Guillou 19).

Und wer spielte zuerst auf dieser Orgel? Nach der Überlieferung war es Thais, die Gattin des Ktesibios. Sie war somit die erste Organistin der Geschichte – und sie widerlegte damit gleich zu Anfang den Verdacht, den später Herder in seinem

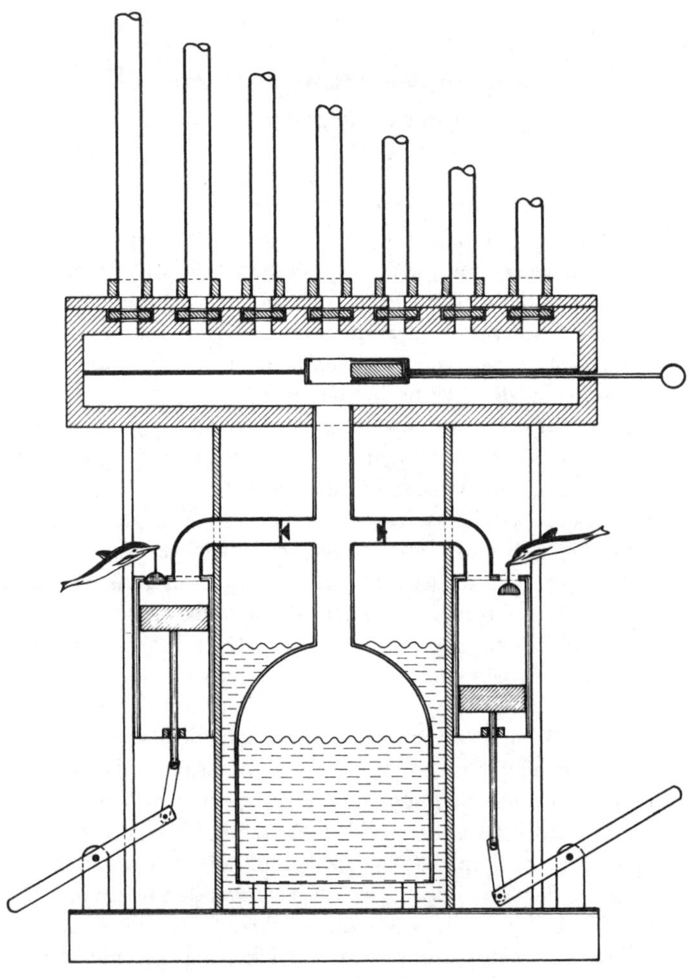

24 – Schnitt durch eine Wasserorgel nach der Beschreibung bei Vitruv. «Die beiden Kolbenpumpen wirken alternierend; die Delphine dienen als Gegengewichte der Einlassventile und steigen beim Orgelspiel auf und nieder. Die verschiedenen Pfeifenreihen (Register) können durch Schieber im Windkasten eingeschaltet und wahlweise einzeln oder zusammen gespielt werden» (Friedrich Jakob).

Cäcilien-Essay (1781/82) aussprach: Orgeln und Pedal seien für Frauen «kein schönes Instrument». Freilich war die Hydraulis auch noch keine Orgel mit Pedal, an der man mit Händen und Füßen arbeiten und sich regelrecht abrackern musste; sie war ganz einfach mit der Hand zu spielen. Und sie war auch noch kein lautes oder gar lärmendes Instrument – ihr Klang galt vielmehr als weich und angenehm, als anziehend und betörend.

Die Wasserorgel verbreitete sich rasch in der hellenistischen Welt. Später – wir wissen nicht genau wann – kam sie auch nach Rom. Die Römer nannten das Instrument hydraulis, oder, verdeutlichend, organum hydraulicum – Wasserbläser-Werkzeug. Das Wort organon (gr.), organum (lt.) bedeutete damals noch einfach Werkzeug, Instrument – erst seit dem 4. Jahrhundert kam es dann auch als spezielle Bezeichnung für die Orgel in Gebrauch, wurde jedoch nie ausschließlich für dieses Instrument verwendet (noch bis ins 18. Jahrhundert hinein war «ars organica» die Bezeichnung für Instrumentalmusik schlechthin).

In Rom wurde die Orgel ein kaiserliches Instrument. Nero und andere Kaiser spielten auf ihr und rühmten sich dieser Kunst. Orgelklänge begleiteten die öffentlichen Auftritte der Kaiser, ihre Aus- und Einzüge, ihre Verehrung durch Akklamationen. Orgelmusik soll in höheren Kreisen sogar als Heilmittel bei Erkrankungen gedient haben. Mit Konstantin dem Großen wanderte die Orgel nach Konstantinopel, nach Ostrom, wo sie in den folgenden Jahrhunderten – bis zum Untergang des Reiches – zu Hofe gepflegt und gespielt wurde. Sie war ein Prunkstück kaiserlicher Macht. Bei Gesandtschaften figurierten Orgeln oft als kostbare Gastgeschenke – dies umso mehr, als im Westen inzwischen die Kenntnis und Verbreitung der Orgeln in der Völkerwanderung verloren gegangen war.

Es hatte daher Bedeutung und wurde aufmerksam vermerkt, dass Kaiser Konstantin V. dem Frankenkönig Pippin (714–768) im Jahr 757 eine Orgel schenkte. Dadurch wurde das vergessene Instrument auch im Westen wieder bekannt. Nun tauchten Palastorgeln auch im Frankenreich auf – Pippins Orgel in

Compiègne, eine Orgel Ludwigs des Frommen in Aachen. Der erste namentlich bekannte Orgelbauer im Westen war der venezianische Geistliche Georgius im 9. Jahrhundert, der nach eigenem Bekunden den Orgelbau «more Graecorum», nach Art der Griechen, betrieb.

Die Orgel war ein herrscherliches, ein Palastinstrument. Ihr Klang wurde zu den sinnlichsten Genüssen gerechnet. Schon Cicero hatte die Stimmen der Orgel mit Delikatessen, mit Blumen, Parfüms und Rosenduft verglichen (Jakob 13). Doch wie kam dieses höchst weltliche Instrument in die christlichen Kirchen? Wie fand es Eingang in den Gottesdienst, die Liturgie?

Für eine kultische Verwendung war die Orgel, bedenkt man ihre Herkunft und ihre Nähe zu Herrschern und Palästen, keineswegs vorbestimmt. Im Gegenteil: Für Christen war sie ein Instrument, das Abscheu erregte, zu dem man Abstand hielt. Zwar ist es umstritten, ob Orgeln bei Gladiatorenkämpfen erklangen, ob Christen beim Klang von Orgeln in den Arenen gemartert wurden. Auszuschließen ist es aber nicht. Mit Sicherheit wissen wir, dass das Instrument bei den Kaiser-Akklamationen erklang, bei welchen den vergöttlichten Herrschern gehuldigt wurde. Für die Christen eine Herausforderung; denn sie verweigerten ja gerade das Kaiseropfer – und diese Verweigerung hatte ihnen oft genug Verfolgung, Marter und Tod eingetragen.

So musste der Ton der Orgel bei Christen auch in späteren Zeiten Widerspruch, ja Zorn hervorrufen, man reagierte auf ihn allergisch – ähnlich wie auf die zur Kaiserverehrung erstellten monumentalen Bilder und Statuen. Ohnehin waren Instrumentalmusik und bildliche Darstellungen Gottes und der Heiligen bei den Christen der ersten Jahrhunderte unüblich, ja verboten; denn noch immer galt das überlieferte alttestamentliche Bild- und Instrument-Verbot. Im Osten des römischen Reiches bestand das Bildverbot noch lange fort, auch wenn es nach dem Sieg der Bilderfreunde im Bilderstreit gelockert wurde (in der strengen Stilisierung der späteren Ikonen wirkt der Bilderstreit noch nach!). Das Verbot der Instrumente blieb jedoch im Osten bis in die Neuzeit hinein fast uneingeschränkt bestehen, spätere mehrstimmige Chöre und instrumentelle Musik, etwa am Zarenhof, waren westlicher Import und wurden im Kreis der Strenggläubigen strikt abgelehnt – und in den Ländern der Orthodoxie dauert die Ausschließung der Orgel aus dem Gottesdienst, wie bekannt, bis heute an.

Man weiß auch, dass die Orgel bei Festen, insbesondere bei Hochzeiten, erklang. Christen musste dieser Lärm der Wasserorgeln missfallen, da er an böse Zeiten der Verfolgung erinnerte. Viele Texte bezeugen die Ablehnung der Orgel. Der berühmteste ist die Passio der jungen Römerin Cäcilia zur Zeit des Kaisers Marc Aurel (bis heute erhalten im Martyrologium Romanum vom 22. November). In diesem Text wird über Cäcilia berichtet, die von ihren Eltern zur Hochzeit mit Valerianus bestimmt war: «Und als der Tag der Hochzeit kam, da war sie festlich gekleidet, doch trug sie unter ihren goldgewirkten Gewändern ein härenes Hemd auf dem Leib. Und während die Hochzeitsinstrumente erklangen, sang sie in ihrem Herzen allein dem Herrn...» (cantantibus organis, illa in corde suo soli Domino decantabat). Cäcilia interessierte sich also nicht für die Hochzeitsinstrumente (Flöten, Zithern, Orgeln), sie zeigte keine Begeisterung, ganz im Gegenteil. Während die Instrumente (organa) ihren schrillen Klang verbreiteten, sang sie in ihrem Herzen ein anderes Lied – ein anderes als jenes, das die Instrumente anstimmten, ein anderes als der heiße Lebensschrei «O hymen, o hymenaae!», der bei antiken Hochzeiten erklang.

Wie kam die junge Römerin, die als Christin den Martyrertod starb, zu ihrem Ruf als Patronin der Kirchenmusik? Das hängt mit einer missverständlichen Verkürzung ihrer Passio in der späteren Überlieferung zusammen. Im Officium der heiligen Cäcilia entwickelte sich nämlich anstelle der korrekten Langfassung des zitierten Satzes eine Kurzfassung, die das höchst wichtige «in corde suo» und das «soli» wegließ und damit dem Ganzen einen anderen Akzent gab. Jetzt hieß der Satz: Cantantibus organis Caecilia Domino decantabat – und das konnte, wenn man den ablativus absolutus im mittelalterlichen Sinn ein wenig frei nahm, auch übersetzt werden: «Beim Spiel der Orgel lobte Cäcilia Gott» oder sogar: «Die Orgel spielend, lobte sie

Gott.» Damit verschwand die Pointe der alten Passio, der Gegensatz zwischen der aufreizenden Hochzeitsmusik und der zur Bewahrung ihrer Jungfrauschaft entschlossenen, sich vom Fest weg- und Gott zuwendenden Braut Christi: Aus einer Feindin und Verächterin der Musik (oder doch *dieser* Musik) wurde Cäcilia zu einer Freundin und Anwältin der Musik. Unversehens verwandelte sich die Blutzeugin mit den Rosen des Martyriums und dem Schwert als Leidenswerkzeug in den bildlichen Darstellungen in eine Musikerin, die Gott mit ihrem Spiel lobte und pries. Cäcilia spielte auf den Bildern plötzlich ein Musikinstrument, und Engel hielten ihr die Notenblätter. Damit war die Patronin der Kirchenmusik geboren – aus einem Übersetzungsfehler!

In der langen Zeit zwischen Karl dem Großen und dem 14. Jahrhundert drang die Orgel nördlich der Alpen allmählich in die Kirchen vor. Man muss das im Zusammenhang mit der Entwicklung der Musik in dieser Epoche sehen. In ihr treten erste Formen der Mehrstimmigkeit auf, und eine neue Kultur der Instrumente entwickelt sich. Im Gebet und Gesang der Klöster erweiterte sich die im Karolingerreich verbindlich vorgeschriebene Cantilena Romana, der gregorianische Choral, zu neuen Formen. Es entstanden Verzierungen (Melismen), Anreicherungen (Tropen), Sequenzen (gereimte Berichte); ein Singen in Quart- und Quintparallelen entwickelte sich, wobei der einfache Satz Note-gegen-Note sich differenzierte, die Stimmen sich rhythmisch verselbständigten und gegeneinander liefen. Mit anderen Worten: Es entstand eine polyphone Struktur. Die bis dahin vorherrschende Einstimmigkeit wurde durch mehrstimmige Formen abgelöst. Das war ein epochaler Vorgang. Thrasybulos Georgiades hat in dem in Kirchen erklingenden Wort, das (schon wegen der notwendigen Wiederholung von Kirchenjahr zu Kirchenjahr) einen musikalisch festgelegten Vortrag erforderte, den Ursprung der neueren, durch Mehrstimmigkeit gekennzeichneten europäischen Musik überhaupt gesehen. Musik wird jetzt schriftlich aufgezeichnet, sie wird überlieferungsfähig, sie kann wiederholt, aber auch neu erfunden, aus Elementen zusammengesetzt, «komponiert» werden.

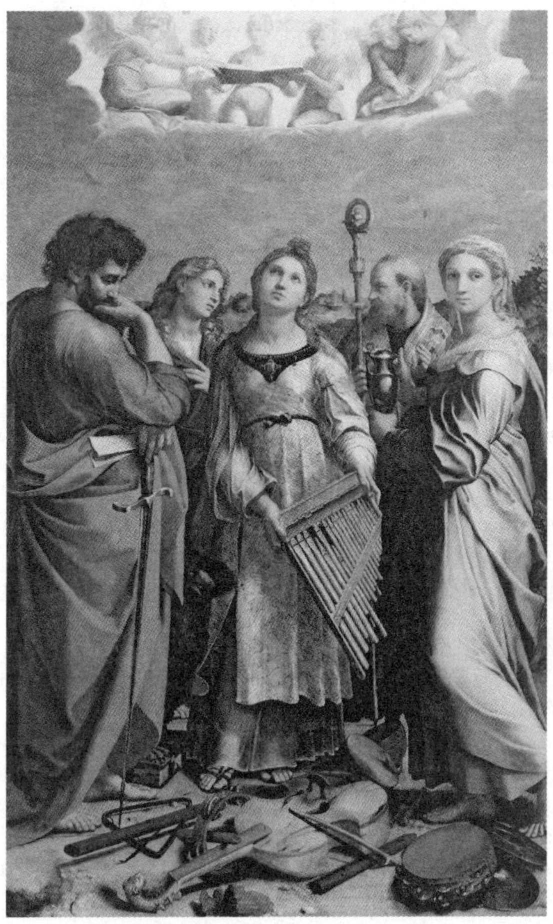

25 – Raffael, Die heilige Cäcilia (1514), Bologna, San Giovanni in Monte. Von allen älteren Cäcilia-Bildern gibt das von Raffael gemalte den Gehalt der Passio am genauesten wieder. Raffael, ein Pictor doctus, hat sich offenbar von Theologen beraten lassen. Bei ihm spielt Cäcilia nicht die Orgel; das Portativ fällt ihr vielmehr aus der Hand und zerschellt (am Boden liegen andere zerbrochene Instrumente). Es ist kein Zweifel: Sie wirft die Musikinstrumente weg. Entscheidend ist ihr Blick: Die Heilige schaut zum Himmel empor, wo Engelchöre eine andere, neue Musik anstimmen, die der irdischen unvergleichbar ist.

Zugleich kehren die Instrumente des jüdischen Tempels, kehren «Psalter und Harfe» in die zunächst instrumentlosen christlichen Kirchen zurück. Vor allem das neue Instrument der Orgel – durch regelmäßige Windzufuhr und Starre des Tons dem Auf und Ab der Affekte und Leidenschaften entzogen – konnte die neugewonnene Mehrstimmigkeit instrumental auffangen und ihr einen angemessenen Platz im Gottesdienst geben. Die ältesten Orgeln in Klöstern und Kirchen entstanden schon um die Jahrausendwende oder kurz danach (und wohl durchweg aus der Hand geistlicher Orgelbauer): Winchester, Reims, Augsburg, Weltenburg. Um 1300 wiesen fast alle größeren Kirchen im Abendland Orgeln auf.

Zunächst wurde die Orgel für pädagogische Zwecke genutzt, wozu sie sich ja besonders eignete. (Auch der Bilderstreit war ja im Westen dadurch überwunden worden, dass man auf die pädagogische, katechetische Wirkung der Bilder abhob!) Bilder und mehrstimmige Musik blieben zunächst noch im Vorhof der Liturgie. Ein liturgischer Gebrauch der Orgel ist erst im hohen und späten Mittelalter nachweisbar. Er bereitete sich in den Klöstern vor, wo die Orgel beim Chorgebet und in der Messfeier im Dialog mit der Schola mit kurzen Einlagen zu Wort kam. Solches «Alternatim»-Spiel war wohl der Ursprung der Orgelmusik überhaupt.

Als die Orgel im hohen Mittelalter in den Dienst der Kirche trat, im Wesentlichen im Norden und Westen Europas, während Rom und der Süden noch lange an der Ablehnung der Instrumente in der Kirche festhielt, da war sie längst nicht mehr die alte «Hydraulis», obwohl sie in den Quellen nach lange diesen Namen führte. Neben die Wasserorgel als repräsentatives – und lautes! – Freiluft- und Palastinstrument war schon in spätrömischer Zeit die – kleinere, leisere – Balgorgel getreten. Später wurden auch große Orgeln mit Bälgen ohne Wasserhilfe möglich. Die Bälge wurden verfeinert, sie entwickelten sich zu immer perfekteren Formen (Spanbalg, Magazinbalg), mit denen ein annähernd gleichmäßiger Windstrom erzielt werden konnte. Mit ihnen wurde der Kalkant als Bälgetreter zu dem für lange Zeit unentbehrlichen Begleiter des Organisten.

Weitere Neuerungen, alle in mittelalterlicher Zeit, kamen hinzu. Friedrich Jakob nennt die Erfindung des Wellenbrettes, das Abrücken von der starren Pfeifenmensur, den Beginn des Pedalspiels, die Anfänge der Mehrmanualigkeit, die Wiederentdeckung der Registratur sowie den Gehäusebau und die Prospektausgestaltung (Jakob I, 36).

Wurde die Orgel zunächst als «Blockwerk» (ohne Registerteilung) gebaut, so dass man nur das Gesamtwerk spielen konnte – eine der bekanntesten Blockwerkorgeln war Halberstadt –, so begann man später, einzelne Register vom Blockwerk zu trennen und für sich spielbar zu machen. In der Folgezeit wurden fast alle Register abziehbar gestaltet. Auch die Erfindung der Springlade fiel in diese Zeit. Mit ihr konnte die Orgel klanglich vervollkommnet werden. Der Klaviaturumfang wurde gesteigert. Die Zweimanualigkeit mit Hauptorgel und Rückpositiv bildete sich heraus. Und wichtig und für die Orgel prägend war schließlich die Entwicklung des Pedals von einer bloßen Koppel zum Festhalten der tiefen Töne des Manuals zu einer selbständigen Tastatur mit eigenen Pfeifen.

«Das 15. Jahrhundert bescherte uns die Rohrwerke und gedeckten Register, etwas später kamen der Chor der weiten Flöten und die Streicher auf. Zu Beginn des 16. Jahrhunderts erscheint die Orgel bereits als ein bewundernswertes Werk in klanglicher Hinsicht, das zum Idealinstrument für das Spiel von polyphoner Musik geworden ist. Alle Erfindungen, die die klanglichen Voraussetzungen für unsere moderne Orgel in sich tragen, sind jedenfalls im 14. und 15. Jahrhundert bereits gemacht worden. Mit dem 16. Jahrhundert setzte die Blütezeit des Orgelbaus ein, die im 17. Jahrhundert ihren Höhepunkt erreichte und im 18. Jahrhundert langsam abklang. Die Springlade wurde durch die wesentlich vollkommenere Schleiflade ersetzt... Gleichzeitig mit dem Orgelbau gelangte auch die Orgelkomposition zur höchsten Blüte» (Kwasnik 15).

Doch gerade auf dem ersten Höhepunkt ihrer Entwicklung geriet die Orgel – und mit ihr die Kirchenmusik – in eine lebensbedrohliche Krise. Ausgelöst wurde sie durch die Reformation. Die Reformatoren blickten kritisch auf die in vielen Jahrhunderten selbstverständlich gewordenen menschlichen Umkleidungen des Christlichen, zu denen auch die Künste gehörten. Alles durch menschliche Kunst Geschaffene sollte unter das Gericht Gottes gestellt werden, so verlangte es der neuerwachte theologische Eifer. Lebenswelt und Glaubensinhalt, «Menschenwerk» und Offenbarung sollten deutlicher als bisher unterschieden werden. Es galt zu glauben allein im Vertrauen auf Gottes Wort – ohne die Hilfe von Bildern und Klängen.

Freilich waren die Reformatoren in ihrem Urteil über die Künste keineswegs einig. Am weitesten entfernten sich die radikal-prophetischen Gruppen – und später die Reformierten – von Bild und Ton, sie erneuerten rigoros das mosaische Bildverbot und den frühchristlichen Bann über die Instrumente, ihre Kirchenräume tendierten zur Schmucklosigkeit, in den Gottesdiensten herrschte das nackte Wort vor, Orgel und Kirchenmusik wurden verboten, allenfalls unbegleitete Psalmengesänge sollten erlaubt sein (Calvin).

Demgegenüber betonte die alte, jetzt katholisch genannte Kirche mit den tridentinischen Richtlinien zur Musik (1562) und zu den Bildern (1563) die Erlaubtheit, ja die Notwendigkeit von Musik und Bild in gottesdienstlichen Räumen. Die Reformation war für Rom ein Anlass, sich vom rigorosen Bild- und Instrumentverbot der frühen Christenheit zu trennen, dem man lange – auch in der Zeit der Ausbreitung der Orgeln im Norden – angehangen hatte. Es war freilich ein Rückzug unter Bedingungen: Vom mehrstimmigen Gesang wurde Einfachheit und Textverständlichkeit gefordert, polyphone Künstlichkeit sollte die Liturgie nicht zudecken und unkenntlich machen. Und im Gottesdienst behielt die Vokalmusik den alten Vorrang, Instrumentales sollte nur «zur Begleitung» erlaubt sein, die weltlichen Instrumente blieben aus der Kirche noch lange ausgesperrt – mit Ausnahme der Orgel, die den geistlichen Ton traf und von der neuen Entwicklung profitierte.

Zwischen der Genfer Reformation und der römischen Kirche stand das Luthertum. Es nahm im Streit um die Künste eine vermittelnde Stellung ein – auch als Reaktion auf die kunstzerstörenden Bilderstürme und die theologische Negation der

Kirchenmusik durch die Radikalen. Luther hatte anfangs die Orgel wie den «Mönchsgesang» geschmäht (siehe oben S. 76 f.); er hatte ihr jedoch später einen Platz im Gottesdienst eingeräumt. Nachdem das Wort Gottes «enthüllt» und von Wucherungen befreit in die Mitte des erneuerten Gottesdienstes gerückt sei, gebe es keinen Grund, so Luther, dieses Wort nicht mit aller Kunst zu schmücken, wie es ja schon David getan habe. – Und so konnte die Kirchenmusik – und mit ihr die Orgel und die Organisten – in den Gebieten der Wittenberger Reformation nach zögernden Anfängen einem neuen Aufschwung entgegengehen.

Formal näherten sich vom 16. zum 18. Jahrhundert die Orgeldienste in den katholischen und den evangelisch-lutherischen Ländern in nicht wenigen Teilen einander an. Gemeinsame Aufgaben stellten sich vor allem beim Gottesdienst: Vorspiele und Nachspiele (Praeludien und Postludien), Zwischenspiele bei mehrteiligen liturgischen Gesängen – und nicht zuletzt die Begleitung der Chöre und des Volksgesangs. Bei Protestanten wie Katholiken wies das Orgelspiel «gebundene» und «freie» Partien auf. Katholische Organisten banden ihr Spiel an den alten (gregorianischen, lateinischen) Choral, der nach wie vor im Zentrum des Gottesdienstes stand und den viele nach Teilen des Messordinariums benannte Orgelstücke – und ganze Orgelmessen – bezeugen. Bei den Protestanten war die Orgelmusik dem neuen, aus Gemeindelied und Volkssprachlichkeit erwachsenen Choral verpflichtet, der sich in einer Fülle von Choralbearbeitungen als neuer Mittelpunkt der Kirchenmusik erwies. Beide Konfessionen ordneten die Musik der Liturgie unter. In dieser Hinsicht spricht das katholische Caeremoniale Episcoporum (1600) keine andere Sprache als die lutherischen Gottesdienstordnungen. Musikalische Formen hatten sich nach den liturgischen Abläufen zu richten. Eigenbewegungen waren nur in eingeschränktem Maße erlaubt. So war z. B. Protestanten wie Katholiken das Alternatim-Spiel beim Credo untersagt (was freilich in der Praxis nicht immer beachtet wurde). Die Musik sollte «das Wort» erklären und begleiten, nicht aber sich selbst an seine Stelle setzen.

Bei aller Gemeinsamkeit sind spezifische konfessionelle Akzente nicht zu übersehen. So ist der lateinische Choral – und auch der lateinische Messtext – im 17. und 18. Jahrhundert im evangelisch-lutherischen Bereich deutlich im Rückzug begriffen; Bachs Messen und seine wenigen auf lateinische Texte bezogenen Orgelstücke (Magnificat) sind die letzten sichtbaren Zeichen der Latinität in einer zunehmend volkssprachlichen, vom Choral im neueren Sinn geprägten Umgebung. Umgekehrt bleibt im katholischen Bereich ein die ganze Messe ausfüllender Volksgesang – und seine Begleitung durch die Orgel – noch lange ausgeschlossen: im Grunde bis ins 19., ja mancherorts bis ins 20. Jahrhundert hinein. (Erst das Zweite Vaticanum gibt dem Volksgesang liturgisches Gewicht.) Es bleibt bei der Dominanz des lateinischen Messtextes im Ablauf des Gottesdienstes. Kirchenlieder sind allenfalls Einsprengsel vor und nach der Messe oder rings um die Predigt und bei Andachten. Katholische Komponisten wie Haydn, Mozart, Beethoven Schubert haben daher große lateinische Messen, nicht aber große Orgelwerke geschrieben. Und für die Orgel als Begleitinstrument dieser Instrumentalmessen gilt bis heute der Spruch eines Wiener Kirchendirigenten: Wenn man die Orgel heraushört, ist sie schon zu laut!

Trotz dieser unterschiedlichen konfessionellen Akzente war der Austausch zwischen weltlicher und geistlicher Musik in den neuzeitlichen Jahrhunderten beträchtlich. Vieles, was im Bereich der Tasteninstrumente entwickelt wurde, war auch im Gottesdienst verwendbar – und umgekehrt gingen von der «redenden» Orgel, ihrer thematischen und kontrapunktischen Arbeit, ihren Verknüpfungen und Durchführungen zahlreiche Anstöße auf die weltliche Musik aus. Der Austausch erreichte seinen Höhepunkt in der Barockmusik und wirkte in seinen Ausläufern noch bis ins 18. Jahrhundert hinüber. Erst im 19. Jahrhundert zog sich die Orgel (und die Kirchenmusik überhaupt) aus dem allgemeinen Musikgeschehen zurück. Die dominierenden Impulse der Musikentwicklung gingen jetzt vom modernen Orchester aus, mit dessen Biegsamkeit und Dynamik die «starre», gleichmäßige Orgel nicht wetteifern konnte. Säkularisierungseffekte kamen hinzu. Musikalisch wurden die Kirchen in der Moderne immer mehr zu einem musikalischen Getto. Die Reaktionen waren bezeichnend: Zu Anfang des 20. Jahrhunderts schickte sich Ferruccio Busoni an, Bachsche Orgelwerke wieder in die alte Form des pedallosen Klaviers zurückzuübersetzen – mit der Begründung, man könne ja sonst diese Musik nur noch in der Kirche hören!

Baulich war das 19. Jahrhundert, besonders seine zweite Hälfte, für die Orgel keine unfruchtbare Zeit. Im Gegenteil: die Orgelbauer lösten in dieser Periode endgültig das alte Problem der gleichmäßigen Windzufuhr – und konnten damit den Kalkanten dauerhaft verabschieden Das geschah durch die Einführung der Pneumatik und der Elektrizität. Weitere Errungenschaften waren die Verbreitung und Vergrößerung von Schwellwerken zur Dynamisierung des Tons, die Erfindung des Barkerhebels zur Erleichterung des Spiels und eine Fülle neuer Laden- und Traktursysteme. Es fehlte nicht an bedeutenden Orgelbaumeistern. Nach den berühmten Namen des 17. und 18. Jahrhunderts (Arp Schnitger, Andreas und Gottfried Silbermann, Karl Joseph Riepp) verzeichnete auch das 19. Jahrhundert eine Reihe stilprägender Neuerer: in Frankreich Aristide Cavaillé-Coll, in Deutschland Friedrich Ladegast, Eberhard Friedrich Walcker und Wilhelm Sauer. Ohne ihre Tätigkeit sind die großen Orgelkomponisten dieser Zeit – Franz Liszt, César Franck, Max Reger, Siegfrid Karg-Elert nicht zu denken.

Freilich gingen im Rausch der technischen Entwicklung auch wichtige Dinge verloren, so vor allem das alte Werkprinzip, das jetzt durch eine Ordnung nach Stärkegraden ersetzt wurde. In der Pneumatik trat die Druckluft an die Stelle des mechanischen Gestänges, was nicht selten der Präzision abträglich war und die musikalischen Linien verunklärte. Das Kunsthandwerk, die individuelle Handschrift des Orgelbauers wurde mehr und mehr abgelöst von industrieller Fabrikation und technischer Standardisierung, wobei klangliche Qualitäten verloren gingen. Dagegen erhob sich zuerst Protest in der «Elsässischen Orgelreform» nach 1900, die mit den Namen Emil Rupp und Albert

Schweitzer verbunden ist. Sie traten für die Erhaltung der vom Abriss bedrohten barocken Orgeln ein und beeinflussten dadurch die spätere deutsche Orgelbewegung. Den hier vereinigten Orgelbauern und Organisten, denen sich bald weitere aus den deutschsprachigen Ländern, aber auch aus Holland und England anschlossen, ging es vor allem darum, die handwerklichen Qualitäten des Orgelbaus zu erhalten und gegenüber der in Schwung gekommenen anonymen «Orgelfabrikation» die persönliche Verbindung zwischen Organisten und Orgelbauern zu erhalten oder neuzubeleben. Im «Wiener Regulativ» von 1909 wurde festgelegt, dass der Orgelspieler «nicht nur der Revisor der fertiggestellten Orgel sei, sondern, dass die Orgel entworfen, beraten und gebaut werden müsse unter ständiger idealer Zusammenarbeit des Spielers und des Erbauers» (Albert Schweitzer).

Eine ausgesprochen historisierende Wendung schlug dann die «Deutsche Orgelbewegung» nach dem Ersten Weltkrieg ein. Den Auftakt bildete der experimentelle Nachbau einer Barockorgel nach der Musterdisposition im Syntagma musicum des Michael Praetorius (1619), den der Ludwigsburger Orgelbauer Oscar Walcker auf Anregung des Musikwissenschaftlers Wilibald Gurlitt 1921 im Musikwissenschaftlichen Institut der Universität Freiburg erstellte (1944 zerstört, 1955 wieder aufgebaut). In Norddeutschland entfaltete die – noch existierende – Arp-Schnitger-Orgel in der Hamburger Jakobikirche durch den Orgelbauer und Schriftsteller Hans Henny Jahnn eine ähnliche symbolisch-normative Wirkung. Christhard Mahrenholz griff mit seinem Umbauplan für die Orgel der Marienkirche in Göttingen (1926) im Sinn der Orgelbewegung unmittelbar in die Dispositionsgestaltung des aktuellen Orgelbaues ein.

Die von der Orgelbewegung ausgehenden Impulse kann man nach Friedrich Jakob in eine «Entwicklungskette» aufgliedern: 1. Wiederentdeckung der Prinzipalpyramide und der «hohen Klangkronen»; 2. Wiederentdeckung der weiten Mensuren; 3. Wiedereinführung der Schleifwindlade; 4. Wiedereinführung der mechanischen Traktur; 5. «Kernstichlose Intonation, offene Pfeifenfüße»; 6. Wiedereinführung der geschlossenen Werkgehäuse, Werkprospekte mit natürlichen Pfeifenlängen; 7. «Freie» Windversorgung, Abkehr von den Windladenbälgen; 8. Wiederentdeckung der ungleichstufigen Temperierungssysteme (Jakob 2, 122). – Wichtige Langzeitwirkungen der Orgelbewegung waren die neue Aufmerksamkeit für die Barockorgel (die nicht mehr einfach als bald überwundene «Durchgangsstation» im Orgelbau erschien!), die Abkehr von der fabrikmäßig gefertigten «Fortschrittsorgel» des 19. und 20. Jahrhunderts, die neue Wertschätzung des Handwerklichen und der persönlichen Zusammenarbeit von Orgelbauern und Organisten, endlich die allgemein nach 1945 in den deutschsprachigen Ländern zu beobachtende Rückkehr zur mechanischen Schleiflade. – Nicht übernommen haben Musikwissenschaft und Orgelbau dagegen die Schwarz-weiß-Einteilung der Orgelbaugeschichte in Idealzeiten und Verfallsperioden, die Verabsolutierung barocker Stilprinzipien, die generelle Ablehnung der romantischen Orgel sowie die einseitige Betonung der deutschen Impulse in der Orgelmusik gegenüber den romanischen und angelsächsischen Entwicklungslinien.

Seit der Zäsur des Zweiten Weltkriegs hat sich die Orgel in West- und Osteuropa in verschiedene Richtungen weiterentwickelt. Im Westen nahm der Orgelbau teil am Prozess des Wiederaufbaus: kriegszerstörte oder –versehrte Orgeln wurden wiederhergestellt oder durch Neubauten ersetzt; zahlreiche neue Werke entstanden, wobei sich seit 1960 ein Pluralismus der Stile entwickelte: von der streng historischen Bauart auf handwerklicher Grundlage bis zu den mit moderner Technologie erstellten Mischungs- und Multi-Instrumenten, von der neobarocken Orientierung im Sinn der Orgelbewegung bis zu romantischen, modernen, avantgardistischen Optionen. Ebenso vielfältig waren die Formen des Umgangs mit dem historischen Orgelbestand: das Spektrum reichte von vorbildlichen Restaurierungen und nützlichen Erweiterungen und Ergänzungen bis hin zu Verschlechterungen und Deformationen, zum Verfallenlassen und zu mutwilliger Zerstörung. Der riesige Innovationsboom der Nachkriegszeit und die lange Zeit scheinbar unbegrenzten finanziellen Mittel führten zum Verlust einer großen Zahl historischer Orgeln, die bedenkenlos «dem Fortschritt» geopfert wurden. Waren die Opfer anfangs des 20. Jahrhunderts zunächst die «unmodernen» Barockorgeln, so traf die Wucht der Zerstörung nach dem Zweiten Weltkrieg die romantischen Orgeln (und allgemein die Instrumente des 19. Jahrhunderts). Inzwischen hat die Abriss- und Veränderungswelle längst die Bestände der Orgelbewegung (und der «Kompromissorgeln» der ersten Nachkriegszeit!) erreicht, und ein Ende ist noch nicht abzusehen – trotz aller Bemühungen der Orgeldenkmalpflege um Normen und Regulative (mit denen man sich freilich angesichts der technischen Entwicklung und der Lockerung der gottesdienstlichen Funktionen schwertut).

In Mittel-, Ost- und Südosteuropa ergibt sich ein anderes, jedoch nicht minder bedenkliches Bild. Auf der einen Seite hat hier zwar kein Bau- und Veränderungsboom den großen Schatz historischer Orgeln angetastet oder gar zerstört; vor allem in kleineren Orten erwies sich die Armut oft als guter Denkmalpfleger. Aber da die alten Werke kaum mehr betreut (und oft nicht mehr gespielt) wurden, verfielen eine ganze Reihe von ihnen im Lauf der Zeit. Oft machen die Prospekte noch einen unbeschädigten Eindruck, tatsächlich sind die Orgeln aber längst unspielbar, wie sich an vielen Orten (besonders im heute polnischen Pommern, in Ostpreußen und Schlesien, aber auch in Rumänien und Tschechien, zeigt. Dieser Prozess ist durch dankenswerte private Initiativen da und dort aufgehalten worden, nicht wenige Orgeln wurden erhalten, erneuert oder rekonstruiert. Aber angesichts des riesigen Bestandes (allein in Tschechien rechnet man mit ca. 2000 historischen Orgeln!) genügen solche Einzelvorstöße nicht. Es besteht Gefahr, dass ein großer Teil der Orgeln in Mittel- und Osteuropa unwiderruflich verfällt. Soll dieses wertvolle Kulturerbe nicht verloren gehen, muss umfassende Hilfe im europäischen Rahmen organisiert werden. Dabei ergeben sich drei ineinandergreifende historische Denkmalräume: 1. Katholische Gebiete mit Kirchenorgeln (u. a. Polen, Ungarn, Slowenien, Kroatien, Tschechien, Slowakei, Litauen, Westukraine); 2. Evangelische Gebiete mit Kirchenorgeln (u. a. Rumänien, Ungarn, Tschechien, Lettland, Estland);

3. Gebiete der Orthodoxie mit Konservatoriums- und Konzertorgeln, von denen viele gleichfalls vom Verfall bedroht sind (u. a. Rußland, Serbien, Rumänien, Bulgarien).

VIII. Zusammenfassung

Nimmt man das heutige Europa in den Blick, so zeichnet sich im erhaltenen Baubestand die Entwicklung des Orgelbaus und der Orgel in mehr als 2000 Jahren mit Deutlichkeit ab. An die einzelnen Stufen sei noch einmal zusammenfassend erinnert.

Das Instrument Orgel entsteht und entfaltet sich in der Antike in Großgriechenland, gelangt von dort nach Rom, geht im weströmischen Teil des Reiches in der Völkerwanderung unter, während es in Ostrom als kaiserlicher Besitz bewahrt wird und neuen Glanz gewinnt. Später gelangt die Orgel mit byzantinischen Gesandtschaften erneut ins westliche Frankenreich. Wie in der Politik, so übernimmt auch in der Entwicklung der Künste der Norden und Westen die Führung. Orgeln und Orgelbau entwickeln sich in jenen Zonen, wo in den Klöstern und Kathedralschulen auch die moderne Mehrstimmigkeit entsteht. Das reicht von St. Gallen bis Melk, von Cluny bis Paris und Brabant. Im Lauf des hohen Mittelalters findet die Orgel – in ihrem Ursprung ein höchst weltliches Instrument – Eingang in die Kirchen und in die Liturgie. Räumliche Schwerpunkte bilden Nordfrankreich, Holland, das Elsass, die Küsten an Nord- und Ostsee, der Westen, Süden und die Mitte Deutschlands, Gebiete, in denen bis heute die größte «Orgeldichte» herrscht. Italien und Spanien, Großbritannien und später die USA schließen sich mit unterschiedlichen nationalen Akzenten an.

Mit der Ausbreitung des Christentums im Osten und Südosten Europas gelangt die Orgel nach Polen-Litauen, in die baltischen Länder und in jene Teile des Balkans, in denen die spätrömischen Traditionen unterbrochen wurden. Die orthodoxen Länder erweisen sich jedoch – bis heute – als eine unübersteigbare Grenze für das Instrument. Denn in der Orthodoxie gilt nach wie vor das frühchristliche Verbot der Instrumente und der Mehrstimmigkeit, das im Westen während des Mittelalters schrittweise gelockert und schließlich aufgegeben wird. Einstimmigkeit ist geboten; Musik soll nur ein melodischer Rahmen sein für den Gesang des Zelebranten; für Musikinstrumente, gar für eine Orgel, die im Zweifel alles übertönen kann, ist da kein Platz.

Die Reformation führt zu einer Neugestaltung der Praxis in Sachen Kirchenmusik. Die Karten werden neu gemischt, das Verhältnis von Gottesdienst und Musik verändert sich; eine neue differenzierte musikalische «Konfessionsgeographie» in Europa entsteht.

Die altgläubigen, jetzt katholisch genannten Länder halten an der neugewonnenen (freilich begrenzten) Freiheit für Bild und Ton auch nach der Reformation fest – hier entwickelt sich eine mehrstimmige Musikkultur mit vokalem Schwerpunkt, an dem die Orgel – alternatim – ihren Anteil hat. Der Calvinismus als die weltweit erfolgreichste Reformationsrichtung schließt die Musik grundsätzlich aus den Kirchen aus; die Orgel gilt in den Ländern reformierter Konfession als eine «unerbauliche Papstleier», ja als «des Teufels Sackpfeife», so Urteile aus der reformierten Schweiz. Erst im 19. Jahrhundert wird die Orgel auch im reformierten Europa wieder an vielen Stellen zu einem nicht nur geduldeten, sondern anerkannten Instrument der Kirche. In den USA, wo Orgelbau und Orgelmusik vorwiegend englischen Vorbildern folgen, wurde der Bann schon früher aufgehoben. Heute stehen die umfangreichsten, technisch avanciertesten Orgeln der Welt in den Vereinigten Staaten.

Von der Wittenberger Reformation kommt – nach anfänglichem Widerstand – die stärkste Unterstützung für die kirchliche Entfaltung der Orgelmusik. Das «goldene Zeitalter» der Orgelmusik, das im 17. Jahrhundert in Nord- und Mitteldeutschland beginnt und das seine Krönung im Werk Johann Sebastian Bachs findet, wäre sonst kaum erklärbar. Von evangelischen Theologen und Musikwissenschaftlern gehen im 20. Jahrhundert auch die Impulse der Orgelbewegung aus, in dieser Zeit freilich mit nicht unproblematischen restaurativen Nebentönen, in einer willentlichen Rückbewegung zu einer – idealisierten – Vergangenheit.

Musikalisch gehört die Orgel zum Genus der Tasteninstrumente. Das Wort «Clavier» bezeichnet ja ursprünglich nicht nur das Klavier im heutigen Sinn, es schließt alle Instrumente ein, die durch «Claves», Tasten, bewegt werden, mithin auch die Orgel. Orgel- und Klaviermusik entwickeln sich lange Zeit ohne große Unterschiede nebeneinander, wobei die Orgel das ältere Instrument darstellt, die Orgelmusik dementsprechend der Klaviermusik vorausgeht – wie es Willi Apel in seiner «Geschichte der Orgel- und Klaviermusik bis 1700» umfassend dargestellt hat. Bei aller Verschiedenheit der Klänge ist die Art des Spielens auf allen Tasteninstrumenten ähnlich. Vieles von Frescobaldi und Sweelinck, von Buxtehude und Bach – und nahezu alles von Georg Friedrich Händel – kann man sowohl auf der Orgel wie auch auf dem Cembalo (manchmal auch auf der Harfe) spielen.

Der Aufstieg der Tasteninstrumente seit dem 15. Jahrhundert ist eng mit der Entwicklung der Mehrstimmigkeit verbunden. Je mehr diese den Gang der Musik bestimmt, je mehr die Vokal- und Instrumentalkompositionen durch Mehrstimmigkeit charakterisiert sind und sich durch ein Neben- und Ineinander von Tönen auszeichnen, desto mehr wachsen auch die Chancen der Tasteninstrumente, der «Claviere». Denn diese erlauben es, viele Stimmen auf einem einzigen Instrument zu vereinigen – was Streich- und Blasinstrumente nicht in gleicher Weise vermögen. Diese sind, um Mehrstimmigkeit zu erreichen, auf eine Mehrzahl von Spielern oder Sängern, also auf Ensemblebildung angewiesen. Beim Tasteninstrument jedoch steht einem einzigen Spieler ein gewaltig erweitertes Tonmaterial zur Verfügung: «die achtundachtzig Saiten des Klaviers gegenüber den vier Saiten der Geige, die Hunderte und Tausende von Pfeifen der Orgel gegenüber der einen Pfeife der Oboe» (Apel 4). Der Tastenspieler kann einen ganzen Chor, ein ganzes Orchester nachahmen. Darin, und im leichten Zugriff der Hand (die freilich erkauft ist mit komplizierten Mechanismen von Hebeln, Gelenken, Hämmern, Verbindungsstangen) liegt wohl der Grund für die bis heute anhaltende Popularität des Klaviers (für die Orgel gilt vice versa Ähnliches). Nicht umsonst wurden schon im

16. Jahrhundert die Tasteninstrumente von den Italienern als «istromenti perfetti» bezeichnet.

Die Differenzierung der Tasteninstrumente, die Sonderung von Klavier und Orgel hängt mit der Entwicklung und Verselbstständigung des Pedals zusammen – genauer: mit der Entwicklung einer Musik, die auf Pedaltöne angewiesen ist und zur Wiedergabe «Hände und Füße» braucht. Dabei liegen die Ursprünge des Orgelpedals noch weitgehend im Dunkeln. Die frühen Pedale waren entweder «angehängt» – oder «sie bildeten eine Verlängerung der Manualklaviatur um etliche Töne nach unten» (Musch 222). Später übernimmt das Pedal die orgelpunktartig gehaltenen Basstöne, oder es betont als «Trompette de Pedalle» den Cantus firmus in langen Notenwerten. Der Endpunkt (und damit die Dominanz der Orgel, ihr Ausscheiden aus der Symbiose mit anderen Tasteninstrumenten) ist dann mit dem «bewegten Bass» und dem oft in Sechzehntelnoten einherstürmenden Pedal bei Buxtehude und Bach erreicht.

Die Geschichte der Orgel ist – wie vieles im Ablauf von Kirche und Kultur – die Geschichte einer Aneignung. Ein profanes, ein heidnisch-antikes Instrument wandert unter ständiger Entwicklung und Umwandlung in die Mitte der christlichen Kirche und ihrer Liturgie. Die Aneignung brauchte Jahrhunderte und vollzog sich nicht ohne gravierende Widerstände. Man mag es unberechtigte Usurpation nennen oder legitime Taufe: In jedem Fall fand das ursprünglich profane Instrument bei Katholiken wie bei Lutheranern in der Neuzeit eine dauerhafte Heimstatt. Die Orgel wurde zum gottesdienstlichen Instrument schlechthin, zum Ursprung einer Fülle kirchenmusikalischer Schöpfungen. Das reicht bis zum heutigen Tag und ist ein Beispiel für die anregende Kraft der Liturgie – auch wenn diese manchmal von Organisten und Komponisten als Widerpart empfunden wurde. Am gottesdienstlichen «Regelwerk» der Liturgik lernt die Kirchenmusik, sich zu bewegen und aufzurichten – und manchmal auch «in Ketten zu tanzen» (Nietzsche).

Auch wenn die heutige Orgel nicht mehr ein ausschließlich

kirchliches Instrument ist: ihre Geschichte, ihre liturgische Funktion und vor allem die für sie geschriebenen geistlichen Werke kennzeichnen und prägen sie doch bis heute. Das zeigt jeder von der Orgel begleitete Gottesdienst, aber auch jedes Orgelkonzert. Doch die Orgel ist alles andere als ein historisches Instrument. Stärker als andere Instrumente lebt sie vom unmittelbaren Zugriff, von der Improvisationskunst ihrer Spieler. Damit bewahrt sie sich die Kraft, lebendig und unberechenbar zu bleiben, und kann ihre Vergangenheit in eine weite Zukunft mitnehmen.

Nachwort

Die Orgel teilt die Geister. Ist sie nun «der König aller jnstrumenten» (Mozart) – oder, wie moderne Riesenorgeln vermuten lassen, vor allem ein Exzess an Technik? «Spielt» der Organist auf einem Musikinstrument – oder handhabt er eher ein technisches Großgerät, das, unverrückbar feststehend, auf dem Weg über Tasten und Pedale Bläserstimmen in Bewegung setzt und das – einzig unter den Instrumenten! – von einem Motor angetrieben wird, der die regelmäßige Windzufuhr sichert?

«Eigentlich sind Sie auf den Tasten der Orgel doch dem konkreten Musizieren ganz fern», sagte mir ein Geiger – und berief sich auf die Ton-Nähe seines Instruments. «Und was richtet Ihr Anschlag auf dem Orgelmanual denn aus, der Ton bleibt ja immer starr, verglichen mit dem Klavier und seinen reichen Nuancen», sagte mir ein Pianist. Beide haben recht; die Ton-Erzeugung ist beim Spiel der Orgel doppelt «vermittelt»: durch die Tasten zu den Pfeifen, die ihrerseits auf den durch Elektrizität vorgehaltenen Wind angewiesen sind. So viel Künstliches – ist das nicht am Ende das Gegenteil von Kunst? Kann der Orgelton überhaupt noch Teil des eigenen Atmens und Sich-Bewegens sein, kann er etwas von mir selbst ausdrücken, so wie der Geigenstrich oder der Bläserton?

In der Tat: die Orgel ist starr. Sie biegt sich nicht, verändert sich nicht unter dem Anschlag, wie dies das Klavier, die Geige, die Oboe, die Pauke tun. Daher musste sie in modernen Zeiten gegenüber der Dynamik des Orchesters zunächst einmal ins Hintertreffen geraten. Und das Beharren auf dem «Orgel-Eigenen», dem vermeintlich Unaufgebbaren des Instruments hat nicht selten auch zu Ressentiments und Rückzügen, ja manchmal sogar zu einer Musik «gegen die Zeit» geführt.

Dennoch hat dieses starre Instrument, die Orgel, wohl die meisten Improvisatoren und Improvisationen der Moderne hervorgebracht. Ja, es lebt bis heute geradezu vom Geist der Improvisation, der ihm Vitalität, Offenheit, Unberechenbarkeit verleiht. Damit stellen sich Orgel und Orgelmusik, trotz der «Starre» des Instruments, nachbarlich neben die in Rhythmus und Melos «freie» Musik – neben Jazz-Bands und Negro-Spirituals, indische Raga, arabische und türkische Maquam – wie anderseits im Jazz die alten «starren» Ostinato-Techniken, die Variationenfolgen, die Kadenz als «Einwurf» (Break) überraschend wiederkehren. Musikgeschichte verläuft eben, wie auch die allgemeine Geschichte, nicht in geraden Linien, sondern in manchmal eigenwilligen und verblüffenden Spiralen.

In meine knappe Darstellung in diesem Buch sind Erfahrungen aus mehr als siebzig Jahren praktischer Tätigkeit als Organist im Nebenamt eingegangen. Dankbar erinnere ich mich dabei meiner Lehrer Josef Hagenunger und Kurt Boßler in Freiburg und der Begegnung mit führenden Organisten wie Walter Kraft, Fernando Tagliavini, Franz Lehrndorfer und Edgar Krapp, die mir Anstöße und Anregungen gaben. Dass ich Olivier Messiaen und Marcel Dupré im Paris der fünfziger Jahre noch bei sonntäglichen Gottesdiensten spielen hören durfte, rechne ich zu den Glücksfällen meines Lebens.

Mein Dank gilt Herrn Dr. Markus Zimmermann (March-Buchheim), der mir als gelernter Musikwissenschaftler und ausübender Organist zahlreiche Hinweise gegeben, mein Manuskript mitgelesen und mir bei der Erstellung der Druckvorlage geholfen hat. Herrn Dr. Felken (München) danke ich für die Anregung, dieses kleine Buch zu schreiben, und für die wie immer enge und fruchtbare Zusammenarbeit.

München, im Mai 2015
Hans Maier

Anhang

Literaturhinweise

I. Schriften

Adelung, Wolfgang: Einführung in den Orgelbau, Wiesbaden 1992.

Apel, Willi: Geschichte der Orgel- und Klaviermusik bis 1700, Kassel u. a. 1967 (Nachdruck 2004) (Apel).

Barnes, William Harrison: The Contemporary American Organ – Its Evolution, Design and Construction, New York 1952.

Beckmann, Klaus: Repertorium Orgelmusik: Komponisten, Werke, Editionen 1150–1998, 2. neu bearbeitete und erweiterte Auflage, Mainz 1999.

Bédos de Celles, Dom François: L'art du facteur d'orgues, 2 Bde., 1766 u. 1770; Faksimile-Nachdruck hg. von Christhard Mahrenholz, Kassel u. a. 1976/77.

Bierí, Merlin: Ricerare. Verzeichnis cantus-firmus-gebundener Orgelmusik, Wiesbaden 2001 (CD-ROM 2009)

Bleri, Martin: Ricerare. Verzeichnis cantus-firmus-gebundener Orgelmusik, Wiesbaden 2001 (CD-ROM 2009).

Bönig, Winfried u. a. (Hg.), Musik im Raum der Kirche. Fragen und Perspektiven, Stuttgart und Mainz 2007.

Böning, Ksenia, Das große Buch der Orgel, herausgegeben vom Bund Deutscher Orgelbaumeister e. V., 2. Auflage 2012 (Bilderbuch für Kinder).

Bormann, Karl: Orgel- und Spieluhrenbau. Aufzeichnungen des Orgel- und Musikwerkmachers Ignaz Bruder von 1829 und die Entwicklung der Walzenorgeln, Zürich 1968.

Bormann, Karl: Heimorgelbau. Eine Anleitung zum Selbstbau von mechanischen Pfeifenorgeln und selbstspielenden Flötenwerken für das Heim, Berlin 1972.

Bornefeld, Helmut: Das Positiv, Kassel 1941.

Busch, Douyles E. / Geuting, Matthias (Hg.): Lexikon der Orgel, 3. Aufl., Laaber 2011.

Bush, Douglas E. / Kassel, Richard (Hg.): The organ: An encyplopedia, New York und London 2006.

Clausen, Johann Hinrich: Gottes Klänge. Eine Geschichte der Kirchenmusik, München 2014.

Dietrich, Fritz: Geschichte des deutschen Orgelchorals im 17. Jahrhundert, Kassel 1932.

Eberlein, Roland: Orgelregister. Ihre Namen und ihre Geschichte, Köln 2008.

Eberlein, Roland: Die Geschichte der Orgel, Köln 2011.

Edler, Arnfried (unter Mitarbeit von Siegfried Mauser): Geschichte der Klavier- und Orgelmusik, 3 Bde., Laaber 2007.

Eggebrecht, Hans Heinrich: Die Orgelbewegung, Stuttgart 1967.

Eggebrecht, Hans Heinrich: Orgel im Gottesdienst heute. Bericht über das dritte Colloquium der Walcker-Stiftung für orgelwissenschaftliche Forschung 13.–15. Januar 1974 in Sinzig/Rhein, Stuttgart 1975.

Eggebrecht, Hans Heinrich (Hg.): Die Orgel im Dienst der Kirche. Gespräch aus ökumenischer Sicht. Bericht über das sechste Colloquium der Walcker-Stiftung für orgelwissenschaftliche Forschung in Verbindung mit dem Pontificio Istituto di Musica Sacra 8.-14. Oktober 1984 in Rom, Murrhardt 1985 (Eggebrecht).

Eggebrecht, Hans-Heinrich (Hg.): Orgelbau und Orgelmusik in Russland, Kleinblittersdorf 1991.

Eule, Ingeborg (Hg.): Hermann Eule Orgelbau 1872–1997. Ein Beitrag zur Orgelbaugeschichte Sachsens, Berlin 1997.

Faber, Rudolf / Hartmann, Philip (Hg.): Handbuch Orgelmusik. Komponisten, Werke, Interpreten, Kassel 2002.

Finkenzeller, Roman: Schöner Schall, in: Frankfurter Allgemeine Zeitung vom 19. April 1994 (Finkenzeller).

Fischer, Hermann / Wohnhaas, Theodor: Georg Friedrich Steinmeyer (1819–1901) und sein Werk. Ein Beitrag zur Geschichte des bayerischen Orgelbaues im 19. Jahrhundert, Frankfurt am Main 1978.

Fischer, Hermann / Wohnhaas, Theodor: Lexikon süddeutscher Orgelbauer, Wilhelmshaven 1994.

Fischer, Hermann: Personalprospekte des 18. Jahrhunderts am Mittelrhein, in: Riedel, Friedrich H. (siehe dort), 75–99 (Fischer).

Fischer, Hermann: Die Orgelbauerfamilie Steinmeyer in Oettingen. In Memoriam Theodor Wohnhaas (1922–2009), Berlin o. J. [2010].

Fleckenstein, Franz: Gloria Deo Pax Hominibus. Festschrift zum 100-jährigen Bestehen der Kirchenmusikschule Regensburg, Regensburg 1974.

Fock, Gustav: Arp Schnitger und seine Schule. Ein Beitrag zur Geschichte des Orgelbaues im Nord- und Ostseeküstengebiet, Kassel 1974.

Frotscher, Gotthold: Geschichte des Orgelspiels und der Orgelkomposition, 3. Aufl., Berlin 1966.

Göttert, Karlheinz / Isenberg, Eckhard: Orgelführer Deutschland, Kassel 1998; Bd. 2: Kassel 2008.

Göttert, Karlheinz / Isenberg, Eckhard: Orgelführer Europa, Kassel 2000.

Göttert, Karlheinz / Isenberg, Eckhard: Orgeln! Orgeln! Konzepte – Kuriositäten – Kontinente, Kassel u. a. 2002.

Greß, Frank-Harald: Die Klanggestalt der Orgeln Gottfried Silbermanns, Leipzig 1989.

Guillou, Jean: Die Orgel. Erinnerung und Zukunft. 2. erweiterte und durchgesehene Auflage der deutschen Erstausgabe, hg. von Markus Zimmermann, Übersetzung: Christoph Glatter-Götz und Dorothea Hütte, Sankt Augustin 2005 (Guillou).

Gurlitt, Wilibald (Hg.): Bericht über die Freiburger Tagung für deutsche Orgelkunst vom 27. bis 30. Juli 1926, Augsburg 1926.

Gurlitt, Wilibald: Johann Sebastian Bach. Der Meister und sein Werk, Kassel 1947 (Gurlitt).

Haselböck, Hans: Organistenbüchlein, Zürich 2003 (Haselböck).

Held, Christoph und Ingrid (Hg.): Karl Straube. Wirken und Wirkung, Berlin 1976.

Herchenröder, Martin: Neue Orgelmusik nach 1960, in: Faber / Hartmann (siehe dort) 663–706 (Herchenröder).

Hickmann, Hans: Das Positiv, Kassel 1936.

Hoffert, Hans D. / Schnorr, Klemens (Hg.): Dux et Comes. Festschrift Franz Lehrndorfer zum 70. Geburtstag, Regensburg 1998.

Jakob, Friedrich: Die Orgel. Orgelbau und Orgelspiel von der Antike bis zur Gegenwart, Bern und Stuttgart, 4. Auflage 1976 (Jakob 1).

Jakob, Friedrich: Die Orgelbewegung in der Schweiz – dargestellt am Schaffen der Firma Kuhn in Männedorf, in: Alfred Reichling: Aspekte der Orgelbewegung, Berlin 1995, 121–138 (Jakob 2).

Jakob, Friedrich: Die Orgel in der deutschen Literatur (= Neujahrsblatt der Orgelbau Th. Kuhn AG in Männedorf, Schweiz, auf das Jahr 2000), Männedorf 2000 (Jakob 3).

Johannsen, Kay / Koch, Georg / Rommelspacher, Stephan (Hg.): Musicus doctus. Festschrift für Hans Musch zum 65. Geburtstag, Freiburg 2000.

Kaufmann, Michael Gerhard (Hg.): Ioculator Dei. Festschrift für Andreas Schröder zum 60. Geburtstag, Freiburg 1999.

Kaufmann, Walter: Der Orgelprospekt in stilgeschichtlicher Entwicklung, Mainz 1949.

Keller, Hermann: Die Orgelwerke Bachs. Ein Beitrag zu ihrer Geschichte, Form, Deutung und Wiedergabe, Leipzig 1948.

Kirkendale, Warren and Ursula: Music and Meaning. Studies in Music History and the neighbouring Disciplines, Florenz 2007.

Kirsten, Wulf: erdlebenbilder. gedichte aus 50 Jahren 1954–2004, Zürich 2004 (Kirsten).

Klais, Hans Gerd: Beiträge zur Geschichte und Ästhetik der Orgel. Aus Anlass der Einhundertjahrfeier Orgelbau Johannes Klais, Bonn 1982.

Klais, Hans Gerd: Die Orgel im großen Raum, in: Riedel, Friedrich W. (siehe dort), 47–74 (Klais).

Klais, Philipp: Beiträge zur Geschichte und Ästhetik der Orgel, Bd. 2, Freiburg 2001.

Klinda, Ferdinand: Orgelregistrierung, Wiesbaden 1987.

Klotz, Hans: Johann Sebastian Bach und die Orgel, in: Blankenburg, Walter (Hg.): Johann Sebastian Bach (= Wege der Forschung CLXX), Darmstadt 1970, 111—120 (Klotz).

Klotz, Hans: Über die Orgelkunst der Gotik, der Renaissance und des Barock, 2. neubearbeitete Auflage, Kassel 1975.

Klotz, Hans: Das Buch von der Orgel: Über Wesen und Aufbau des Orgelwerkes, Orgelpflege und Orgelspiel, Kassel 1998.

Kooimann, Ewald / Weinberger, Gerhard / Busch, Hermann: Zur Interpretation der Orgelmusik Johann Sebastian Bachs, Kassel 1995.

Kraus, Eberhard: Mit Orgelklang und Paukenschall, 3. Aufl. Regensburg 1982.

Kube, Michael: Johann Sebastian Bach, in: Faber / Hartmann (siehe dort) 55–99.

Kwasnik, Walter: Die Orgel der Neuzeit, Köln u. Krefeld 1948.

Lampl, Sixtus (Hg.): Musik und Orgelwerke des Klosters Tegernsee. Zur Entwicklung der abendländischen Musikkultur, Valley 2007.

Lavant, Christine: Die Verschüttete, in: Wigotschnig, Armin / Strutz, Johann (Hg.): Christine Lavant: Kunst wie meine ist nur verstümmeltes Leben. Nachgelassene und verstreut veröffentlichte Gedichte, Prosa, Briefe, Salzburg 1978.

Lohmann, Heinz: Handbuch der Orgelliteratur, Wiesbaden 1975.

Lukas, Viktor: Reclams Orgelmusikführer, 7. Aufl., Stuttgart 2002.

Mahrenholz, Christhard: Die Orgelregister. Ihre Geschichte und ihr Bau. Unveränderter Nachdruck der 2. Aufl., Kassel 1968.

Maier, Hans: Cäcilia. Essays zur Musik, Frankfurt am Main 2005.

Maier, Hans: Mit Herz und Mund. Gedanken zur Kirchenmusik, Kevelaer 2009.

Marx-Weber, Magda: Liturgie und Andacht. Studien zur geistlichen Musik, Paderborn 1999.

Massenkeil, Günther: Wort und Ton in christlicher Musik. Ausgewählte Schriften, Paderborn 2008.

Matthaei, Karl: Vom Orgelspiel, 2. Aufl., Leipzig 1949.

Mayer, Mathias (Hg.): Musikgedichte, München 2011.

Meyer, Hans Bernhard / Pacik, Rudolf (Hg.): Dokumente zur Kirchenmusik unter besonderer Berücksichtigung des deutschen Sprachgebietes, Regensburg 1981.

Meyer, Rudolf: Umgang mit unzeitgemäßen Orgeln, Berlin 1999.

Müller, Michael Christian / Heuer, Svenja (Hg.): Orgeldenkmalpflege. Nachhaltigkeit als Zukunftsstrategie für eine vielfältige Orgelkultur, Regensburg 2013.

Murray, Michael: Marcel Dupré – The Work of a Master Organist, Boston 1985; dt. unter dem Titel: Marcel Dupré – Leben und Werk eines Meisterorganisten, Langen bei Bregenz 1993.

Musch, Hans: Musik im Gottesdienst, Bd. 1: Historische Grundlagen – Liturgik – Liturgiegesang, Regensburg 1975, dritte Aufl. 1986; Bd. 2: Musiklehre – Orgelkunde – Stimmbildung – Chorleitung, Regensburg 1986.

Musch, Hans: «..indem...das Pedal ganz obligat tractiret wird» – Zum Problemfeld: Pedal in der Orgel, in: Riedel, Friedrich W. (siehe dort), 219–242 (Musch).

Oehms, Wolfgang: Mit Händen und Füßen. Memorabilien eines Organisten, Trier 1988 (Oehms 1).

Oehms, Wolfgang: Mit Manual und Pfeifen. Neue Memorabilien eines Organisten, Trier 1989 (Oehms 2).

Peeters, Flor / Vente, Maarten Albert: Die niederländische Orgelkunst vom 16. bis zum 18. Jahrhundert, Antwerpen 1971 (Peeters / Vente).

Perrot, Jean: L'orgue de ses origines hellénistiques à la fin du XIII. siècle, Paris 1965.

Planyavsky, Peter: Moritz Reger und andere Schrägheiten, Sankt Augustin 2005.

Praet, Wilfried u. a.: Orgelwoordenboek, Zwijndrecht 1989; 2000 Nieuwkerken.

Praetorius, Michael: Syntagma musicum, 2. Teil: De Organographia, Wolfenbüttel 1619; Faksimileausgabe Kassel 1958.

Quoika, Rudolf: Das Positiv in Geschichte und Gegenwart, Kassel 1957.

Reichling, Alfred (Hg.): Mundus Organorum. Festschrift Walter Supper zum 70. Geburtstag, Berlin 1978.

Reichling, Alfred (Hg.): Aspekte der Orgelbewegung, Berlin 1995.

Reichling, Alfred (Hg.): Orgel. 181. Veröffentlichung der Gesellschaft der Orgelfreunde, Kassel u. a. 2001 (Reichling).
Reifenberg, Peter / Adolph, Wolfram (Hg.): Musik – Genie – Ethik. Albert Schweitzer, Charles-Marie Widor, Louis Vierne, Mainz 1996.
Riedel, Friedrich H. (Hg.): Die Orgel als sakrales Kunstwerk (Neues Jahrbuch für das Bistum Mainz. Beiträge zur Zeit- und Kulturgeschichte der Diözese, hg. von Barbara Nichtweiß, Sonderband 1994/95), Mainz 1995.
Ritter, August Gottfried: Zur Geschichte des Orgelspiels, vornehmlich des deutschen, im 14. bis zum Anfange des 18. Jahrhunderts, Leipzig 1884; Nachdruck Hildesheim 1969.
Rößler, Almut: Messiaen, in: Faber / Hartmann (siehe dort) 437–453 (Rößler).
Schmitz, Arnold: Ausgewählte Aufsätze zur geistlichen Musik, hg. von Marx-Weber, Magda / Marx, Hans Joachim, Paderborn 1996.
Schnitzlbaumer, Hans: Die Geisterorgel. Ministrantengeschichten, Freiburg 1984.
Sonnaillon, Bernard: L'orgue. Instrument et musiciens, Paris 1984.
Späth, Hartwig und Tilmann: 150 Jahre Späth Orgelbau. Tausend Orgeln aus fünf Generationen, Lauffen am Neckar 2012.
Steiger, Johann Anselm: Der Orgelprospekt im Kloster Lüne als Zeugnis barock-lutherischer Bild- und Musiktheologie, Regensburg 2015.
Summereder, Roman: Aufbruch der Klänge. Materialien, Bilder, Dokumente zu Orgelreform und Orgelkultur im 20. Jahrhundert, Innsbruck 1995.
Totzke, Irenäus; Dir singen wir. Beiträge zur Musik der Ostkirche, St. Ottilien 1992.
Walter, Meinrad: Mein Lieblingsinstrument – Die Orgel. Ein Lesebuch, Stuttgart 2004.
Williams, Peter: Johann Sebastian Bachs Orgelwerke, 3 Bde., Mainz 1996, 1998, 2000.
Wismeyer, Heinrich: Mit allen Registern. Erinnerungen eines Domorganisten, Freiburg 1978.
Williams, Peter: The Organ in Western Culture 750–1250, Cambridge 1993.
Zepf, Markus: Die Freiburger Praetorius-Orgel – auf der Suche nach vergangenem Klang, Freiburg im Breisgau 2005.
Zimmermann, Markus: Musik im Michel. Die Orgeln der Hauptkirche St. Michaelis zu Hamburg, Regensburg 2010.
Zürcher Hochschule der Künste (Hg.): Orgel – Orgue – Organo – Organ

2011. Internationales Symposium zur Bedeutung und Zukunft der Orgel 8.–11. September 2011 in Zürich. Dokumentation – Länderberichte, Öhringen 2014.

2. Zeitschriften

Ars Organi. Internationale Zeitschrift für das Orgelwesen, herausgegeben von der Gesellschaft der Orgelfreunde e. V. (GdO), Mettlach.

Arte organaria. Rivista annuale a cura del Associazione culturale Giuseppe Serassi, Gualtieri.

Informazione organistica. Rivista della Fondazione Academia del Musica Italiana per Organo, Pistoia.

ISOJournal. The Magazine oft he International Society of Organ Builders, Lauffen am Neckar.

La Tribune de l'Orgue. Revue suisse romonde paraissant quatre fois par an, Lausanne.

L'Organo. Rivista di cultura organaria e organistica, Gruppo Musicale Girolamo Frescobaldi, Bologna.

L'Orgue. Revue trimestrielle, publié par l'Association des Amis de l'Orgue, Lyon.

Musica sacra. Zeitschrift des Allgemeinen Cäcilien-Verbandes für Deutschland, Feuchtinger und Gleichauf, Regensburg.

Musik und Kirche. Die Zeitschrift für Kirchenmusik, Bärenreiter, Kassel.

Organ. Journal für die Orgel, Schott Music GmbH & Co. KG, Mainz.

Organist's Review. Published Quarterly by the Incorporated Association of Organists.

The American Organist. Official Journal of the American Guild of Organists.

The Diapason. An International Monthly Devoted to the Organ, the Harpsichord and Church Music. Official Organ of the International Society for Organ History and Preservation, Des Plaines, IL (USA).

Bildnachweis

Abb. 1 (*S. 9*): Hermann Keller (Hg.), Joh. Seb. Bach, Orgelbüchlein und andere kleine Choralvorspiele, Kassel 1928; *Abb. 2* (*S. 10*): Wilhelm Busch: Max und Moritz. Eine Bubengeschichte in sieben Streichen, Stuttgart 1997; *Abb. 3* (*S. 13*): Ernst Schäfer, Laudatio Organi. Eine Orgelfahrt von der Ostsee bis zum Erzgebirge, Erfurt ^{7}1992; *Abb. 4* (*S. 17*): Foto: Andreas Lechtape, Münster, aus: Markus Zimmermann, Musik im Michel. Die Orgeln der Hauptkirche St. Michaelis zu Hamburg, Regensburg 2010; *Abb. 5* (*S. 19*): Marc Honegger / Günther Massenkeil (Hg.), Das große Lexikon der Musik, Freiburg 1981 ff., Bd. 5; *Abb. 6* (*S. 23*): Ein Kunst-Projekt ORGAN^2/ASLSP von John Cage in St. Burchardi zu Halberstadt, © 1987 Henmar Press, New York. Abdruck mit Genehmigung von C. F. Peters, Musikverlag, Frankfurt/Main; *Abb. 7* (*S. 25*): Walter Kwasnik, Die Orgel der Neuzeit, Köln und Krefeld 1948; *Abb. 8* (*S. 26*): Foto: Karl Heinz Steppe, aus: Die Landshuter Dominikaner-Orgel, Landshut 1966; *Abb. 9* (*S. 28*): Ernst Schäfer, Laudatio Organi. Eine Orgelfahrt von der Ostsee bis zum Erzgebirge, Erfurt ^{7}1992; *Abb. 10* (*S. 31*): Günter Lade. Copyright Orgelbau Th. Kuhn AG, Männedorf, Schweiz, aus: Hans Maier (Hg.) unter Mitarbeit von Markus Zimmermann, Mit Herz und Mund. Gedanken zur Kirchenmusik, Kevelaer 2009; *Abb. 11* (*S. 33*): Flor Peeters / Maarten Albert Vente, Die niederländische Orgelkunst vom 16. bis zum 18. Jahrhundert, Antwerpen 1971; *Abb. 12* (*S. 34*): Hermann Fischer, Personalprospekte des 18. Jahrhunderts am Mittelrhein, in: Riedel, Friedrich H. (Hg.): Die Orgel als sakrales Kunstwerk (=Neues Jahrbuch für das Bistum Mainz. Beiträge zur Zeit- und Kulturgeschichte der Diözese, hg. von Barbara Nichtweiß, Sonderband 1994/95), Mainz 1995; *Abb. 13* (*S. 35*): Flor Peeters / Maarten Albert Vente, Die niederländische Orgelkunst vom 16. bis zum 18. Jahrhundert, Antwerpen 1971; *Abb. 14* (*S. 38*): Jean Guillou, Die Orgel. Erinnerung und Zukunft, Sankt Augustin 2005; *Abb. 15* (*S. 39*): Foto: Dieter Wissing, Archiv Orgelbau Winterhalter; *Abb. 16* (*S. 40*): Jean Guillou, Die Orgel. Erinnerung und Zukunft, Sankt Augustin 2005; *Abb. 17* (*S. 41*): Foto: Dino Makridis, Archiv Orgelbau Kuhn; *Abb. 18* (*S. 53*): Sammlung Haags Gemeentemuseum, Den Haag, aus: Flor Peeters / Maarten Albert Vente, Die niederländische Orgelkunst vom 16. bis zum 18. Jahrhundert, Antwerpen 1971; *Abb. 19* (*S. 55*):

akg-images, Berlin; *Abb. 20 (S. 64)*: akg-images. Berlin; *Abb. 21 (S. 68)*: Olivier Messiaen, 1976 in seiner Kompositionsklasse im Pariser Konservatorium (Foto: Gerald Levinson); *Abb. 22 (S. 75)*: Friedrich Jakob, Die Orgel in der deutschen Literatur (=Neujahrsblatt der Orgelbau Th. Kuhn AG in Männedorf, Schweiz, auf das Jahr 2000), Männedorf 2000; *Abb. 23 (S. 78)*: akg-images, Berlin; *Abb. 24 (S. 86)*: Friedrich Jakob, Die Orgel. Orgelbau und Orgelspiel von der Antike bis zu Gegenwart, Bern und Stuttgart, [4]1976; *Abb. 25 (S. 91)*: akg-images, Berlin

Leider war es nicht in allen Fällen möglich, die Inhaber der Rechte zu ermitteln. Wir bitten deshalb gegebenenfalls um Mitteilung. Der Verlag ist bereit, berechtigte Ansprüche abzugelten.

Quellenangabe von Seite 83
Wulf Kirsten, gottfried silbermann. Aus: ders., erdlebenbilder. gedichte aus 50 jahren 1954–2004. , S. 140

Personenregister

Aus dem Verlagsprogramm

Musik in C.H.Beck Wissen

Claus Bockmaier
Händels Oratorien
Ein musikalischer Werkführer
2008. 143 Seiten. Paperback
C.H.Beck Wissen Band 2215

Hans-Joachim Hinrichsen
Franz Schubert
2., durchgesehene und aktualisierte Auflage. 2014.
128 Seiten mit 2 Karten. Broschiert
C.H.Beck Wissen Band 2725

Christoph Kammertöns
Das Klavier
Instrument und Musik
2013. 128 Seiten mit 5 Abbildungen. Paperback
C.H.Beck Wissen Band 2752

Siegfried Mauser
Mozarts Klaviersonaten
Ein musikalischer Werkführer
2014. 128 Seiten mit 5 Notenbeispielen. Broschiert
C.H.Beck Wissen Band 2223

Siegfried Schmalzriedt
Ravels Klaviermusik
Ein musikalischer Werkführer
2006. 112 Seiten mit zahlreichen Notenbeispielen. Paperback
C.H.Beck Wissen Band 2210

Dorothea Schröder
Johann Sebastian Bach
2012. 128 Seiten mit 2 Abbildungen. Paperback
C.H.Beck Wissen Band 2738

Verlag C.H.Beck

C.H.BECK **WISSEN**

Zuletzt erschienen:

2097: Münkler, **Marco Polo**
2124: Hartmann, **Geschichte Frankreichs**
2358: Halm, **Die Schiiten**
2518: Bätschmann, **Edouard Manet**
2613: Kroll, **Geschichte Sachsens**
2702: Fisch, **Geschichte der europäischen Universität**
2778: Duchhardt, **Der Wiener Kongress**
2784: Kurz, **Geschichte des ökonomischen Denkens**
2785: Jansen/Osterhammel, **Dekolonisation**
2786: Preckel/Baudson, **Hochbegabung**
2788: Sommer, **Wirtschaftsgeschichte der Antike**
2792: Meußdoerffer/Zarnkow, **Das Bier**
2797: Bahlcke, **Geschichte Tschechiens**
2798: Benz, **Der deutsche Widerstand gegen Hitler**
2799: Jussen, **Die Franken**
2802: Stekeler-Weithofer, **Sprachphilosophie**
2803: Sieroka, **Philosophie der Physik**
2806: Newen, **Philosophie des Geistes**
2808: Tetens, **Wissenschaftstheorie**
2824: Rentsch, **Philosophie des 20. Jahrhunderts**
2825: Mombauer, **Die Julikrise**
2826: Schnettger, **Der Spanische Erbfolgekrieg**
2827: Seidensticker, **Islamismus**
2828: Ubl, **Die Karolinger**
2829: Vocelka, **Sisi**
2830: Vogtherr, **Die Welfen**
2832: Demel/Schraut, **Der deutsche Adel**
2833: Kossert, **Ostpreußen**
2835: Schieder, **Benito Mussolini**
2838: Füssel, **Waterloo**
2839: Goenner, **Albert Einstein**
2841: Hein, **Die SS**
2842: Hengerer, **Ludwig XIV.**
2843: Herzig, **Geschichte Schlesiens**
2844: Maier, **Geschichte Schottlands**
2845: Oermann, **Wirtschaftsethik**